Début d'une série de documents en couleur

COMPTE

DU

TRÉSOR DU LOUVRE

SOUS PHILIPPE LE BEL

(TOUSSAINT 1296)

PUBLIÉ

D'APRÈS LE RÔLE CONSERVÉ AU MUSÉE BRITANNIQUE
ADDITIONAL CHARTERS, N° 13,941

PAR

JULIEN HAVET

PARIS

H. CHAMPION, LIBRAIRE

QUAI MALAQUAIS, 15

1884

PUBLICATIONS DU MÊME AUTEUR :

Série chronologique des gardiens et seigneurs des îles normandes (1198-1461), dans la *Bibliothèque de l'École des chartes*, t. XXXVII, 1876, p. 183-237; et à part : Paris, 1876, in-8°, 55 p.

Du sens du mot ROMAIN *dans les lois franques, examen d'une théorie récente présentée par M. Fustel de Coulanges*, dans la *Revue historique*, dirigée par MM. G. Monod et G. Fagniez, 1re année, 1876, t. II, p. 120-136, 632-637.

L'Affranchissement PER HANTRADAM, dans la *Nouvelle Revue historique de droit français et étranger*, 1re année, 1877, p. 657-662.

Du partage des terres entre les Romains et les barbares, chez les Burgondes et les Visigoths, dans la *Revue historique*, 3e année, 1878, t. VI, p. 87-99.

Les Cours royales des îles normandes, dans la *Bibliothèque de l'École des chartes*, t. XXXVIII, 1877, p. 49-96, 275-332, et t. XXXIX, 1878, p. 5-80, 199-255; et à part : Paris, H. Champion, 1878, in-8°, IV-239 p.

L'Hérésie et le Bras séculier au moyen âge, jusqu'au XIIIe siècle, dans la *Bibliothèque de l'École des chartes*, t. XLI, 1880, p. 488-517, 570-607; et à part : Paris, H. Champion, 1881, in-8°, 67 p.

La Frontière d'Empire dans l'Argonne, enquête faite par ordre de Rodolphe de Habsbourg, à Verdun, en mai 1288, dans la *Bibliothèque de l'École des chartes*, t. XLII, 1881, p. 383-428, 612-613; et à part : Paris, H. Champion, 1881, in-8°, 50 p.

Chronique de Bourges, 1467-1506, par Jean Batereau, ancien recteur de l'université de Bourges, et divers autres habitants de cette ville, dans le *Cabinet historique* (directeur, Ulysse Robert), nouvelle série, 1882, p. 450-457; et à part : Paris, H. Champion, 1882, in-8°, 8 p.

Maître Fernand de Cordoue et l'Université de Paris au XVe siècle, dans les *Mémoires de la Société de l'histoire de Paris et de l'Ile-de-France*, t. IX, 1882, p. 193-222; et à part : Paris, 1883, in-8°, 30 p.

Rapport adressé à l'abbé et au couvent de Cluny par Jimeno, ex-prieur de Notre-Dame de Nájera (Espagne), sur sa gestion (premières années du XIIIe siècle), dans la *Bibliothèque de l'École des chartes*, t. XLIV, 1883, p. 169-178; et à part : in-8°, 10 p.

Poème rythmique d'Adelman de Liège, sur plusieurs savants du XIe siècle, dans les *Notices et Documents*, publiés pour la Société de l'histoire de France, à l'occasion du cinquantième anniversaire de sa fondation (Paris, 1884, in-8°), p. 71-92.

Mémoire adressé à la dame de Beaujeu, sur les moyens d'unir le duché de Bretagne au domaine du roi de France (1485 ou 1486), dans la *Revue historique*, 9e année, 1884, t. XXV, p. 275-287; et à part : in-8°, 13 p.

Nogent-le-Rotrou, imprimerie DAUPELEY-GOUVERNEUR.

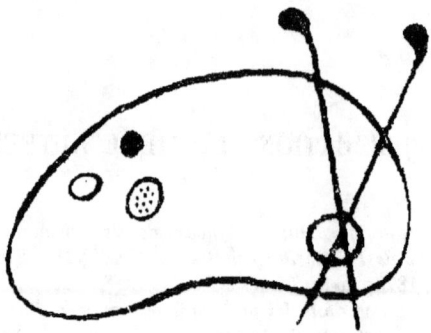

Fin d'une série de documents
en couleur

COMPTE

DU

TRÉSOR DU LOUVRE

(TOUSSAINT 1296)

Extrait de la *Bibliothèque de l'École des chartes*,

tome XLV, 1884, p. 237-299.

COMPTE

DU

TRÉSOR DU LOUVRE

SOUS PHILIPPE LE BEL

(TOUSSAINT 1296)

PUBLIÉ

D'APRÈS LE RÔLE CONSERVÉ AU MUSÉE BRITANNIQUE
ADDITIONAL CHARTERS, N° 13,941

PAR

JULIEN HAVET

PARIS

H. CHAMPION, LIBRAIRE

QUAI MALAQUAIS, 15

1884

COMPTE

DU

TRÉSOR DU LOUVRE

(TOUSSAINT 1296).

Philippe-Auguste, Louis VIII, Louis IX, Philippe le Hardi avaient, ce semble, à Paris un seul trésor, déposé au Temple. Philippe le Bel, le premier, en eut deux, l'un au Temple, l'autre au Louvre. Edgard Boutaric, qui a établi ce fait, n'a pu fixer avec certitude la date de la création du trésor du Louvre; il dit seulement que la plus ancienne mention qu'il en ait rencontrée est de l'an 1297[1]. Depuis la publication du tome XXIII du *Recueil des historiens*, on sait qu'il faut au moins reculer cette date d'un an, car les éditeurs de ce volume ont retrouvé et réimprimé un court fragment du compte des trésoriers du Louvre pour le terme de la Saint-Jean de l'an 1296[2]. Voici un fragment plus étendu d'un compte semblable, pour un autre terme de la même année, celui de la Toussaint.

Le rôle, probablement original, de ce compte est conservé à Londres, au Musée britannique, dans la série dite *Additional Charters*, n° 13,944. Il a été donné au Musée par M. S.-Leigh Sotherby, le 6 avril 1858. Il se compose actuellement de deux feuilles de parchemin, cousues bout à bout, larges l'une et l'autre de 0^{m}335, longues, la première de 0^{m}50, la seconde de 0^{m}38. Les comptes sont écrits au recto du rôle, celui de la recette sur la première feuille, celui de la

---

1. Edgard Boutaric, *la France sous Philippe le Bel* (Paris, 1861, in-8°), p. 229.
2. De la Roque, *Traité du ban et de l'arriereban* (Paris, 1676, in-8°), preuves, p. 134; *Recueil des historiens des Gaules et de la France*, t. XXIII, p. 786.

dépense sur la seconde; mais celui-ci est manifestement incomplet, car il donne pour la dépense un total fort inférieur à celui de la recette, ce qui n'est pas croyable. Il y a eu sans doute une troisième feuille cousue à la suite de la seconde et aujourd'hui perdue. Au verso des deux feuilles est donné le détail de quelques articles des comptes inscrits au recto (art. 9, 67, 68, 69, 137).

Ce texte vient s'ajouter aux nombreux documents financiers que nous possédons sur le règne de Philippe le Bel, et dont les uns sont déjà imprimés[1] et les autres attendent encore la publication[2]. Aucun de ces documents ne nous offre un tableau complet des dépenses et recettes du royaume. En effet, le roi, outre ses deux trésors de Paris, avait une caisse dans chaque bailliage ou sénéchaussée. L'agent financier de chacune de ces circonscriptions, bailli, sénéchal ou receveur, était chargé à la fois d'encaisser les recettes échues au roi dans son ressort et d'acquitter les dépenses que le roi assignait sur sa caisse; il ne versait aux trésors royaux que l'excédent de sa recette sur sa dépense, s'il y en avait. Pour avoir le mouvement complet des finances royales en un an, il faudrait donc pouvoir réunir et combiner, pour une même année, les comptes des deux trésors du roi à Paris et ceux de chaque bailliage et de chaque sénéchaussée. Il est à craindre que les documents qui nous ont été conservés ne fournissent pas les éléments nécessaires pour ce travail.

Mais, indépendamment de cette question, les comptes présentent un intérêt de plus d'un genre. Ils sont notamment utiles à cause des détails précis qu'ils fournissent en grand nombre sur les choses et les hommes du temps où ils ont été écrits. Celui que je publie aujourd'hui contient beaucoup de mentions relatives à des personnes dont le nom est connu dans l'histoire ou figure dans les textes déjà imprimés. Le moment n'est pas venu d'essayer de réunir et de coordonner les renseignements positifs qui nous ont été conservés sur chacun de ces personnages, célèbres ou obscurs, du règne de Philippe le Bel; ce travail ne pourra être fait utilement

---

1. Compte des trésoriers du Louvre, Saint-Jean 1296, *Recueil des historiens*, XXIII, 786. — Comptes de l'hôtel du roi, 1282-1286, *ibid.*, XXII, 430, 469; 1301-1302, XXII, 502; 1303-1304, XXII, 535; 1307-1308, XXII, 545, 555. — Compte des baillis, Toussaint 1285, XXII, 623. — Comptes de décimes, 1289, XXI, 546; 1313, XXI, 550. — Subsides pour l'ost de Flandre, 1304, XXI, 564; 1314, XXI, 567, etc.

2. Journal du trésor, du 17 mars 1298 au 16 mars 1300 et du 15 avril au 31 décembre 1301, Bibl. nat., ms. lat. 9783. — Comptes des baillis, 1299, etc., ms. fr. 10365. — Table des comptes de Robert Mignon, ms. lat. 9069, etc.

qu'après la publication de plusieurs documents qui sont encore inédits, notamment du journal du trésor, des années 1298 à 1304, conservé à la Bibliothèque nationale (ms. lat. 9783). On ne trouvera donc ici que le texte du compte du trésor du Louvre, pour le terme de la Toussaint de l'an 1296, publié sans commentaire et suivi seulement d'un index détaillé des matières et des noms propres.

Trois articles du compte se rapportent à la dépense de l'hôtel du roi et à celle de la reine et de ses enfants (133-135). Il n'est donc pas rigoureusement exact, comme l'avait cru Boutaric, que le trésor du Louvre fût destiné uniquement à subvenir aux dépenses de l'État et celui du Temple aux dépenses de la maison du roi [1].

On remarquera, dans les détails de la recette, la série des articles consacrés aux prêts faits au roi (316-341), notamment par des banquiers italiens, et à la levée des impôts du centième et du cinquantième [2] (342-349 et 350-456). En ce qui concerne le cinquantième, il résulte de ce compte que dans les bailliages autres que celui de Paris on payait cette taxe entre les mains du bailli ou receveur, tandis que dans le bailliage de Paris chaque localité versait directement sa contribution au trésor du Louvre.

D'après le fragment de compte de 1296, réimprimé dans le dernier volume du *Recueil des historiens*, l'un des termes auxquels les trésoriers du Louvre rendaient leurs comptes était la Saint-Jean (24 juin). Ici nous avons le compte du terme de la Toussaint (1er novembre). Ce compte devrait donc s'appliquer, semble-t-il, à la période de 130 jours comprise du 24 juin au 1er novembre. Cependant, les gages payés aux officiers du roi y sont calculés pour 137 jours (art. 167 et suivants). Peut-être le terme dit de la Toussaint répondait-il à l'octave de cette fête (8 novembre).

J'ai fait des divers articles du compte autant d'alinéas séparés, auxquels j'ai donné des numéros d'ordre. J'ai substitué (sauf dans les dates) des chiffres arabes aux chiffres romains; j'ai disposé les chiffres des sommes d'argent en trois colonnes, pour les livres, sous et deniers, et ainsi je n'ai pas eu à reproduire, après ces chiffres, les abréviations *l.*, *s.*, *d.*, qui les suivent chaque fois dans le rôle manuscrit.

---

1. *La France sous Philippe le Bel*, p. 230.
2. Voir sur ces impôts Boutaric, *la France sous Ph. le Bel*, p. 258 et suiv.

O. S. XCVI°

	l.	s.	d.
RECEPTA PARISIENSIUM.			
De balliviis :			
1. Parisiensi	43	7	5
2. Silvanectensi	4,479	5	3
3. Viromandensi	1,627	»	6
4. Ambianensi cum terra Guisnensi	4,298	18	10
5. Senonensi	1,569	17	10
6. Aurelianensi	408	18	9
7. Bituricensi	2,160	39	2
8. Turonensi	5,538	2	9
Summa	20,127	10	6
9. De preposituris	8,018	7	11
Partes a tergo.			
Summa	28,145	18	5 P.

10. De debito magistri Rogeri de Medunta, deffuncti, per Johannem de Villeta, militem 100 » »

11. De domino Radulpho de Brulhi, pro residuo compoti sui de scacario Pasche XCVI° » 117 1

12. De debito magistri Petri de Cirilli 150 » »

13. De piscibus stagni Moreti captis a Furseo piscatore pro domino Ludovico primogenito regis, apud Fontembliaudi, per predictum Petrum 12 13 »

14. De garnisione vini capta, per eundem P. 35 » »

15. De episcopo Agatensi, pro recognitione fidelitatis in creatione sua, pro una marcha argenti vel austure » 40 »

16. De abbate Sancti Germani de Pratis, pro finatione decime et mutui 100 » »

17. De debito magistri Guillelmi aurifabri 50 » »
et de veteri argento sibi tradito 37 13 »

18. De magistro Johanne de Chevri, pro residuo expense sue de via Rome 62 8 10

19. De abbatia Clare Vallis, pro quibusdam amortisationibus 297 12 »

20. De financia acquisitorum per ecclesias ballivie Senonensis, per Theobaldum Armigeri 240 » »

21. De denario libre apud Latiniacum super Maternam
80 » »
et apud Montevrayn, Checiacum, Cantum Lupi, Conchas et Cavernas versus Latiniacum 27 4 »
et Remis, per Renaudum du Cavech 666 11 »

22. De Johanne de Mornayo armigero, pro rechato terre Ville Nove que fuit Johannis de Aquis 160 » »

23. De emenda Ade Wagnon de Lauduno 288 » »

24. De decima personarum ecclesie ballivie Bituricensis, per Petrum Lombardum receptorem ibidem 697 7 2

25. De financia seu amortisatione abbatis et conventus Sancti Medardi Suessionensis, pro terra quam emerant a Symone de Vento 400 » »

26. De abbate et conventu Sancti Johannis in Vineis Suessionensis, pro financia acquisitorum suorum 48 » »

27. De hernesiis veteribus venditis, per Thomassinum de Nealpha » 40 »

28. De financia acquisitorum in ballivia Viromandensi, per dominum Evrardum Porion et Lisiardum le Jaune
330 » »

29. De financia acquisitorum abbatis et conventus de Britholio 100 » »

30. De Henrrico de Nans, pro amortisatione cujusdam feodi quod vendidit abbati Sancti Fusciani in Bosco et capellanis Beate Marie Ambianensis, per Leonardum le Sec 160 » »

31. De debito quod Haquinus de Manlia Judeus petebat in judicio a Guiardo de Herbovilla armigero 30 » »

32. De episcopo Claromontensi et abbate et conventu Sancti Yllidii Claromontensis, pro confirmatione cujusdam composicionis inter ipsos 100 » »

33. De Leonardo le Sec de Ambianis, per Petrum de Coquerel, pro bonis captis in quinque navibus Anglicorum 245 15 »

34. De sigillo regis, per episcopum Dolensem 710 » »

35. De bonis episcopi Vincestrie que erant apud Templum Parisius, per Guillelmum de Hangest seniorem 440 » »

36. De domino Adam de Cardineto, pro denariis sibi traditis per Guillelmum Flammingi et socios suos 200 » »

37. De domino Johanne de Helly, pro denariis sibi traditis per Luparam 32 » »
et per cameram denariorum 32 » »
et per Guillelmum Flammingi et socios suos 160 » »

38. De domino Galtero de Capella, pro denariis sibi traditis per diversas partes 60 » »

39. De villa Lauduni, per Renerum de la Bele custodem ibidem 3,697 8 3

40. De emenda Aelidis dicte Facete de Lauduno et Alberici et Johannis filiorum ejus, pro suspitione violationis ecclesie Laudunensis 800 » »

41. De lanis et coriis captis in pluribus navibus, per Michaelem de Navarra 700 » »

42. De monetis forefactis in ballivia Viromandensi, per Renaudum du Cavech 9 12 »

43. De decima ejusdem ballivie in diocesi Noviomensi, pro primo anno, per magistrum Henrr. de Gauchi 120 12 9

44. De debito Radulphi de Medonta clerici, per magistrum Johannem de Sancto Justo 25 » »

45. De debito domini Petri de Chambli patris, per eundem Johannem 206 11 8

46. De deffectu equorum ballistariorum, per eundem Johannem 18 4 »

47. De vadiis Johannis de Hyenvilla plus computatis, per eundem Johannem 21 3 9

48. De vadiis Johannis Accurrii retentis pro debito patris sui, per eundem Johannem 12 5 6

49. De magistro Stephano de Lemovicis, per eundem Johannem 48 10 »

50. De Petro Rollandi, Thoma Godin et aliis mercatoribus Lemovicensibus 341 9 5
per eundem Johannem.

51. De magistro Guillelmo de Erqueto, pro residuo cujusdam financie 34 » »
per eundem Johannem.

52. De majore Rothomagi, pro Guarino de Carreriis
80 » »
per eundem Johannem.

53. De abbate Sancti Crispini Majoris Suessionensis, pro sententia, per eundem Johannem 10 » »
54. De abbatissa Beate Marie Suessionensis, pro eodem, per eundem Johannem 10 » »
55. De 20 modiis avene granarii Meleduni, per compotum Petri Genciani, per eundem Johannem 86 9 »
56. De avena granarii Aurel., per eundem J. 41 12 »
57. De avena granarii de Dordano, pro 15 modiis 2 sextariis 80 38 »
per eundem Johannem.
58. De avena granarii de Stampis, pro 22 modiis 77 » »
per eundem Johannem.
59. De avena granarii Pissiaci, pro 7 modiis 11 sextariis 1 mina 31 16 8
per eundem Johannem.
60. De piscibus stagni Petre Fontis, per eundem Johannem 23 12 »
61. De vinis garnisionis Gaufridi Cocatriz, pro 759 modiis 8 sextariis, 40 s. pro modio 1,519 » »
per eundem Johannem.
62. De eadem garnisione, pro 82 modiis 2 sextariis, 48 s. pro modio 196 2 »
per eundem Johannem.
63. De eadem garnisione, pro 23 modiis 2 sextariis, 60 s. pro modio 69 7 6
per eundem Johannem.
64. De 10 doliis vini ejusdem garnisionis computatis ad hernesia Omnium Sanctorum erogatis in elemosina 80 » »
per eundem Johannem.
65. De denariis executionis Jacobi Louchart de Atrebato levatis per magistrum Johannem Clersens 64,400 116 »
66. De redditibus senescalcie Pontivi, per Jacobum Mayngot receptorem ibidem 968 17 9
67. De mutuis quorum partes sunt a tergo 41,329 4 4
68. De centesima 15,708 2 4
Partes a tergo.
69. De quinquagesima 116,810 8 4
Partes a tergo.

70. De debito defuncti Johannis de Aquis, per ejus executores 649 14 1 j

Summa 254,275 19 3 P.

Recepta Turonensium.

71. De comite Drocensi, pro excambio facto cum domino Chambleii Petro milite, pro tercio 166 13 4

72. De monetagio monete facte Parisius, per Betinum Caucinel 2,057 4 4
et per Renerum Flammingi 17,836 15 »
et per Guillelmum Flammingi 2,500 » »
et per Petrum de Medunta et Faschium Lombardum, de monetagio auri 22,066 5 »

73. De bustis monete auri, per magistrum Petrum la Reue 416 5 »

74. De monetagio monete facte apud Tornacum, per Henrricum et Jeronimum de Lacu fratres 7,558 8 9
et per Guillelmum Flammingi et socios suos 20,384 7 7

75. De monetagio monete facte apud Montem Ferrandi, per Martinum Marci 148 » »
et apud Monsterolium Bonin, per Bernardum Remundi 6,900 » »
et apud Summidrium, per Sornatum Caucinel 2,568 12 6
et apud Matis[c]onum, per Guidonem de Torne Mare 4,000 » »
et apud Tholosam, per Bernardum Rascassol et Bernardum Carbonel 15,000 » »

76. De abbate Sancte Genovefe Parisiensis, pro decima triennii pro Aragonia 30 » »

77. De eodem abbate, pro decima quadriennii pro Aragonia, quam receperat ab abbate de Ferreriis 200 » »

78. De decima triennii pro Aragonia senescalcie Bellicadri, per receptores ibidem 329 » »

79. De legatis indistinctis ibidem, per eosdem 180 30 7

80. De decima concessa pro subsidio regni Francie a personis ecclesiasticis ibidem, per eosdem 3,397 » 6

81. De decima ordinis Cluniacensis pro subsidio ejusdem regni, in ballivia Arvernie, per Girardum Chauchat 1,208 18 »

82. De decima non exemptorum in diocesi Claromontensi, pro eodem, per eundem Girardum   664   12   »

83. De tallia Judeorum, pro Vivando et Donnardo de Royon Judeis, per eundem Girardum   100   »   »

84. De subventione personarum ecclesie pro regno Francie in diocesi Rothomagensi, per Baldoinum Poutrel, pro magistro Guillelmo Vassal collectore   1,400   »   »

85. De eadem subventione sub (*sic*), per ballivum Rothomagensem   1,115   »   »
et in diocesi Lexoviensi, per eundem ballivum   1,360   13   6

86. De deffectibus servientum castelli Bone Ville, per eundem ballivum Rothomagensem   39   13   9

87. De denariis recuperatis a marinariis qui iverunt a Leura Parisius pro vadiis suis petendis, pro expensis eorum solutis quibusdam creditoribus suis, per eundem ballivum
          1,223   19   5

88. De cambio monete argenti apud Harefleu, per eundem ballivum   100   »   »

89. De denariis captis a Bichio et Mouscheto, per eundem ballivum, ad opus navigii   2,750   »   »

90. De denariis captis a ballivo Caleti Adam Halot, per eundem ballivum Rothomagensem, pro eodem   2,722   10   »

91. De garnisionibus regis que erant apud Harefleu et Honnefleu et Toucam, de quibus Johannes de Hospitali clericus habet compu...re, traditis quibusdam marinariis in solutionem vadiorum, per eundem ballivum   2 110   10   »

92. De residuo vadiorum debitorum quibusdam marinariis quorum nomina ballivus tradidit in scriptis magistris curie
          6,724   3   1
per eundem ballivum.

93. De finatione Judeorum in ballivia Rothomagensi, per Baldoinum Poutrel   2,000   »   »

94. In vicecomitatu Vernolii, per Guillelmum d'Espovilla
          129   »   »
et per Johannem de Furno ibidem   20   »   »

95. In balliviis Cadomensi et Constanciensi, per Johannem le Hanapier   2,307   3   1

96. In ballivia Bituricensi, per Petrum Lombardum receptorem ibidem   1,691   10   »

97. In ballivia Viromandensi, per Vietum d'Aupegart Judeum 200 » »
et per Renaudum du Cavech 195 » »

98. In ballivia Ambianensi, per Jocetum de Pontisera Judeum 43 » »

99. In ballivia Caleti, per predictum Jocetum, pro Salomone de Blangi 125 » »
et per Bartholomeum Blanc Baston 1,311 » 10

100. In prepositura Parisiensi, per Danielem Clericum 140 15 »

101. In ballivia Senonensi, per Theobaldum Armigeri 628 6 6

102. In balliviis Campanie, per Jocetum de Pruvino 805 » »
et per Vivandum de Trecis 260 » »

103. In ballivia Aurelianensi, per Egidium Cassine 2,200 » »

104. In ballivia Turonensi, per Johannem Gandehart 463 » »

105. De predicta finatione Judeorum, per Julianam dictam Ami Diu, pro Kaloto Judeo 150 » »
et per Guill. Perrerium, pro eodem Kaloto 1,562 10 »
et per Vietum d'Aupegart Judeum, pro eodem Kaloto 97 10 »

106. De Judeis dotalicii defuncte regine Margarite, per Johannem le Paylle de Corbolio 267 » »
et per Danielem Clericum 130 » »

107. De Gabriele Judeo de Carnoto, per Renaudum Barbou juniorem, ballivum Rothomagensem, pro veteri, diu est 150 » »

108. De Peregrino de Sancto Paulo in Caturcino, pro compositione facta super bassa justicia Campi Arnaldi et de Ancinade 100 » »

109. De nundinis Campanie, per Florencium de Roya magistrum earum 800 » »

110. De passagio lanarum apud Andelot, per P. Folet 437 10 »

111. De emenda seu finatione Donati de Vellut de Florencia 600 » »

112. De forefactura Oliveri de Vintemille, per Guillelmum Petri Becucii 20 » »

113. De Amelio de Villari milite, domino de Salis, pro confirmatione alte justicie de Salis 100 » »

114. De decano et capitulo Suessionensibus, pro emptione terre de Ambliniaco et de Kala cum appendiciis 4,250 » »

115. De villa Cathalani, pro relaxatione denarii de libra, per magistrum Philippum Conversum, Petrum Viarium de Silvanecto et Guillelmum Thiboudi 9,900 » »

116. De regalibus Cenomanie, per Richardum Bouroudi et Symonem Medicum 200 » »

117. De episcopo Ebroicensi, domino Nicholao, pro quibusdam convencionibus 4,000 » »

118. De Petro de Melet receptore Pictavensi, pro denariis quos receperat a Petro Lombardo receptore Bituricensi
  10,000 » »
et a Girardo Chauchat receptore Arvernie 7,300 » »
et a senescallo Pictavensi 8,646 14 2

119. De redditu comitis Guellensis capto super regem et non soluto eidem comiti, de terminis Ascensionis, Omnium Sanctorum et Candelose XCV° et Ascensionis XCVI° 1,733 6 8

120. De senescallo Pictavensi, domino Johanne de Sancto Dionisio, pro denariis sibi traditis per comitem Attrebatensem
  500 » »
et per Symonem Arcuarium 900 » »
et per magistrum Johannem de Domno Martino 1,700 » »
et per Johannem de Hospitali clericum 1,900 » »
et per Petrum de Melet receptorem Pictavensem 700 » »
et per Egidium capellanum Ruphi de Sulhi 63 15 »
et per majorem et communiam Pictavenses, pro finatione sua ne irent hac vice in exercitum 500 » »
et per receptorem focagii pro expulsione Judeorum de Pictavia 3,300 » »

121. De ballivia Trecensi, per receptores Campanie, pro fine compoti sui Omnium Sanctorum XCV° 10,016 6 10
et de ballivia Vitriaci 530 119 3
et de ballivia Calvi Montis 2,793 15 »

122. Item de ballivia Trecensi, per eosdem receptores, de termino Omnium Sanctorum XCVI° 11,261 » 22
et de ballivia Vitriaci 12,495 14 6

123. De redditu Anselli de Castaneto, de terminis Omnium Sanctorum XCV° et Ascensionis XCVI°, capto super regem et non soluto, quia capit in ballivia Aurelianensi, ut dicit, equaliter 30 » »

124. De magistro Petro la Rone, pro nimis soluto quibusdam stipendiariis galearum 99 11 6

125. De senescalcia Pictavensi, de termino Ascensionis XCVI° 11,845 6 9

126. De ballivia Arvernie, de eodem termino, de tempore Johannis de Tria 8,400 78 4
et de termino Omnium Sanctorum post 5,090 5 2

127. De senescalcia Carcassonensi, de termino Ascensionis XCVI° 2,835 11 8

  Summa   264,214   14   5 T.

  Valent   211,371   15   6 ob. P.

128. De ballivo Rothomagensi, pro fine compoti sui de scacario Sancti Michaelis XCVI° 20,334 12 6
129. De ballivo Caleti 13,680 108 11
130. De ballivo Cadomensi 13,791 2 10
131. De ballivo Constanciensi 18,199 » 21
132. De ballivo Vernolii 5,465 10 »
videlicet per Vernolium 1,615 l. 3 s. et per Vernonem 1,112 l. 5 s. 1 d. et per Gisorcium 2,738 l. 23 d.

 Summa tocius scacarii   71,475   16   » T.

 Valent   57,180   12   9 ob. P.

Summa totalis recepte ad Parisienses 550,974   6   »   P.

---

133. Expensa hospicii regis   72,020   9   1
134. Expensa regine   4,830   10   1
135. Expensa liberorum   4,366   12   11

  Summa   81,217   12   1 P.

Expensa Parisiensium.

Ad hereditatem.

136. Abbatissa Gerciaci, pro tercio   129   14   10
137. Heredes Roüniaci (partes a tergo), pro feodo Locharum, pro toto   600   »   »
et pro feodo Alenconis, pro toto   100   »   »
138. Canonici capelle regis Parisius, pro medietate
    350   »   »
et pro missa de defunctis, pro medietate   4   »   »
139. Capellanus Sancti Clementis in capella regis inferiori, pro medietate   6   »   »
et pro capellania domini Odonis quondam capellani Vicennarum, pro medietate   »   100   »
140. Capellanus S. Blasii ibid., pro medietate 10   »   »
141. Domus Dei Parisiensis, pro medietate 180   »   »
142. Monachi Regalis Montis, pro tercio   120   »   »
143. Dominus Stephanus de Monte Sancti Johannis, pro feodo Feritatis Alesie, pro toto   100   »   »
144. Johannes de Chambleio miles, pro toto   40   »   »
145. Stephanus de Bien Fayte miles, pro feodo Virzonis, pro toto   40   »   »
146. Guillelmus de Haricuria miles, pro tercio 66   13   4
147. Tres capellanie fundate in ecclesia Sancti Dionisii, pro medietate   30   »   »
148. Templum, pro redditu empto a Petro de Chambleio milite, domino de Viermes, pro medietate   38   13   6
149. Capellanus Sancti Germani in Laya, pro tercio
    10   »   »
et pro roba, pro toto   »   60   »
150. Congregatio cecorum Paris., pro tercio 10   »   »
151. Capitulum V[er]nonense, pro *(sic)*
152. Capellanus altaris Sancti Michaelis in ecclesia Beate Marie de Chambleio, pro medietate   10   »   »
153. Gauffridus de Perona, pro toto   30   »   »
154. Furseus ejus filius, pro toto   10   »   »
155. Dionisius de Valenc., pro tercio feodi Montis Fortis, pro toto   20   »   »

156. Lanfrancus Tartarus de Janua, pro toto 100 » »
157. Symon de Roseyo, pro medietate 10 » »

Summa 2,023 » 20 P.

Ad vitam.

158. Dominus Johannes de Falvi, pro tercio 333 6 8
159. Episcopus de Bethleem, dominus Hugo, pro medietate
100 » »
160. Nicholaus de Peracio miles, pro toto 100 » »
161. Magister Stephanus li Aasiez, pro medietate
91 12 »
162. Theobaldus de Corbolio, pro medietate 20 » »
163. Beatrix soror quondam thesaurarii Huberti, pro tercio
4 » »
164. Johannes de Caprosia, 5 s. per diem, usque ad XIII^a diem Julii inclusive, qua obiit » 100 »

Summa 653 18 8 P.

Alia expensa.

165. Renaudus Barbou senior, pro vadiis, pro tercio
221 6 8
166. Magistri monetarum duo, Betinus Caucinelli et Johannes Decimarii, pro tercio 133 6 8
167. Renaudus de Aula clericus monetarum, 3 s. per diem
20 11 »
168. Venditores boscorum tres, videlicet Johannes Venatoris, Stephanus de Bien Fayte miles, quilibet 10 s. per diem, et Johannes de Bovilla miles, 6 s. per diem 178 2 »
169. Mensuratores boscorum duo, Adam Bouchart et Johannes Britonis, quilibet 4 s. 6 d. per diem 61 13 »
170. Piscatores tres, videlicet Furseus de Ferona, 3 s. per diem 20 11 »
Judocus Roart, 2 s. per diem 13 14 »
et Johannes de Calceya, 12 d. per diem 6 17 »
et pro cremento de 6 d. per diem per 99 dies » 49 6
171. Giletus Rougel luparius, pro se, familia, equis et canibus, 8 s. 10 d. per diem 60 10 2

et pro rauba sua, pro medietate » 50 »
et pro roba trium servientum, pro toto, equaliter 7 10 »
   172. Johannes Butin luparius, 2 s. per diem 13 14 »
et pro roba, pro medietate » 50 »
   173. Colinus lotrarius, 18 d. per diem 10 5 6
et pro roba, pro toto » 40 »
   174. Magister Petrus de Condeto, pro vadiis 109 12 »
   175. Magister Gauffridus de Templo, pro vadiis
                                                                       109 12 »
   176. Magister Johannes Clersens, pro vadiis 91 4 »
   177. Dominus Symon de Baillolio, pro vadiis 41 2 »
   178. Jacobus de Luceto clericus, pro vadiis 41 2 »
   179. Johannes de Lillariis, pro vadiis 41 2 »
   180. Magister Sancius, pro vadiis 28 16 »
   181. Operatorium Lupare, per Gilibertum 37 14 8
et per Johannem Galteri ibidem 50 15 »
   182. Stephanus faber ibidem, pro misiis 34 8 »
   183. Stephanus de Camera, pro eodem 25 » 10
   184. Operatorium Montis Argi, per Guillelmum attiliatorem
ibidem 29 2 »
   185. Clerici compotorum 26 » »
   186. Domina Lucia de Gibelet, pro medietate 50 » »
ad voluntatem.
   187. Lupelli 10 et aquila una » 55 »
   188. Magister Johannes Clersens, pro nunc mittendo
                                                                      140 » »
et pro denariis sibi traditis apud Rothomagum pro eundo ad
regem 16 » »
   189. Johannes de Lillariis clericus, pro residuo compoti sui
                                                                      10 8 5
   190. Dominus Radulphus de Brulheyo, pro expensis per 45 dies Parisius usque ad diem Mercurii post Nativitatem beati Johannis 40 » »
et pro expensis faciendo inquestas super prepositum Parisiensem et servientes cum magistro Johanne Ducis per 30 dies usque ad Assumptionem beate Marie 27 » »
   191. Magister Guillelmus aurifaber, pro misiis suis, de termino Ascensionis XCVI° et duobus terminis precedentibus
                                                                      178 5 3
et pro platellis ad fructum faciendis 80 » »

et pro duobus ciphis, altero auri et altero argenti, quos rex emit ab ipso 240 11 »

192. Jehenotus de Vallibus filius quondam Odardi Rebracye de Ponte Sancte Maxencie, pro boscis suis per gentes regis venditis per errorem et sibi restitutis 20 » »

193. Magister Guido de Nogento in Bassigneyo, pro via Britannie pro quinquagesima 20 » »

194. Item 24 » »

195. Girardus de Marla, pro eodem ibidem 8 » »

196. Petrus Chevalier, pro eodem ibidem 16 » »

197. Magister Guillelmus cantor Milliaci et Renaudus de Giresmo, pro denariis sibi traditis per receptorem Bituricensem pro negocio quinquagesime 94 » »

198. Magister Michael de Codreyo et Nicholaus Caillet, pro fine compoti sui de expensis faciendo colligi quinquagesimam in ballivia Viromandensi 28 8 2

199. Dominus Robertus de Freauvilla presbiter et magister Philippus le Mastin, pro fine compoti sui de expensis faciendo colligi quinquagesimam in senescalcia Bellicadri 28 16 11

200. Magister Baldoinus Alani, pro eodem in ballivia Turonensi cum Guillelmo Otran 31 » 19

201. Guillelmus Otran, pro eodem ibidem 9 5 7
et pro negocio centesime ibidem 8 6 6

202. Dominus Galterus canonicus capelle regis Parisius, pro operibus capelle Vicennarum 100 » »
nona die Julii.

203. Idem, pro expensis puerorum capelle, usque ad dominicam post Sanctum Albinum, et pro roba eorum Omnium Sanctorum XCV° 99 18 »
et pro uno breviario facto pro rege 107 10 »
XXV^a die Augusti.

204. Idem, pro expensis scolarium, beguinarum et conversorum, per 60 septimanas, usque ad dominicam ante Magdalenam XCVI° 397 11 9

205. Idem, pro operibus Lupare 50 » »
XIX^a die Octobris, et pro operibus et conversis 100 » »
ultima die Octobris.

206. Egidius de Lauduno, quondam prepositus Montis Desiderii, pro denariis sibi redditis, quos habebat in deposito in abbacia Sancti Eligii Noviomensis, captis et redditis regi in compotis Omnium Sanctorum XCV° 77 16 »

207. Magister capelle regis Parisius, pro neccessariis ejusdem capelle et percameno 180 100 »

208. Dominus Philippus capellanus episcopi Dolensis, pro litteris boscorum, usque ad Pascham XCVI° 16 7 »

209. Stephanus et Egidius Apelot fratres de Giemo, pro denariis quos solverunt de mandato regis Stephano de Messilles 27 5 »

210. Magister Guillelmus de Lavercines, pro uno equo mortuo et alio reddito curie, de via ad computandum de decima pro subsidio regni in provincia Senonensi 20 » »

211. Magister Johannes Ducis, pro expensis factis faciendo inquestas super servientes regis 40 » »

212. Idem et Johannes de Sancto Leonardo prepositus Parisiensis, pro expensis factis pro negocio regis 40 » »

213. Dominus Johannes de Atrebato, pro centesima terre sue in ballivia Bituricensi levata et sibi restituta, per Petrum Lombardum receptorem Bituricensem, in diversis partibus 252 19 3

214. Et pro mutuis hominum suorum de Maceyo in eadem ballivia, sibi restitutis, per eundem Petrum, videlicet pro Guillelmo le Cousturier et Johanne filio suo equaliter 48 » »

215. Honoratus illuminator, pro libris regis illuminatis 20 » »

216. Dominus Johannes de Chintrellis ballivus Masticonensis, pro denariis redditis regi pro rotellis Judeorum per tres annos et alias redditis regi per compotum Bichii 44 5 6

217. Prepositus Parisiensis, pro solvendo domum Egidii de Aureliano captam pro coquina regis Parisius 72 » »

218. Petrus de Remis valletus regis, pro via Burgundie 10 » »

219. Symon Picardi, missus apud Bellicadrum 10 » »

220. Guillelmus de Hangesto junior, ballivus Cadomensis, pro negocio regis 100 » »

221. Episcopus Dolensis, pro toto residuo mutui quod fecerat regi, sibi reddito 660 » »

222. Filie Dei Parisienses, super pensione sua, ex mutuo 80 » »

IIII^a die Septembris, et XXV^a die Septembris 80 » »

223. Magister pueororum (*sic*) capelle regis Parisius, pro eorum neccessariis, in duabus partibus 90 » »

224. Johannes de Malla, pro vadiis suis, de tempore preterito 100 » »

225. Antelinus de Varignies et Johannes castellanus Nigelle, milites, pro expensis factis in assisia terre domini Ludovici fratris regis 300 » »

226. Magister Guillelmus de Gisorcio, missus ad partes Aurelianenses pro centesima 20 » »

227. Frater Petrus de Paredo, prior de Chesa, missus pro negocio regis 100 » »

228. Magister Robertus Foyson et Symon de Marchesiis miles, inquisitores in ballivia Silvanectensi, pro denariis sibi traditis, per Guillelmum de Sancto Vincencio 100 » »

229. Magister Symon Boel, missus in predictam balliviam Silvanectensem pro negocio quinquagesime, per eundem Guillelmum 60 » »
in tribus partibus.

230. Johannes Majoris de Argentolio, pro eodem ibidem, per eundem Guillelmum 60 » »

231. Symon et Johannes predicti, pro eodem ibidem, per eundem Guillelmum 60 » »

232. Abbas Joyaci, thesaurarius, pro expensis factis in via apud Magdunum super Ligerim pro negocio regis 9 » »
et apud Pruvinum pro mutuis procurandis 14 » »
et apud Trecas pro eodem 25 » »

233. Stephanus Haudri, pro burello ad computandum in camera denariorum, per Thomassinum 4 16 »

234. Magister Laurencius de Monte Forti et Arnulphus Merlini, pro residuo expense sue de via Viromandie et Flandrie pro quinquagesima 92 13 »

235. Girardus barillarius, pro vinis emendis 500 » »

236. Magister Stephanus de Susi archidiaconus Brugensis, missus ad electionem Cameracensem 30 » »

237. Guillelmus de Ripperia miles, pro palliis Nativitatis XCV° et Penthecostes XCVI° 10 » »

238. Idem, inquisitor in ballivia Senonensi, pro denariis sibi traditis, per Theobaldum Armigeri receptorem ibidem, in tribus partibus 200 » »

239. Idem Guillelmus et magister Radulphus de Mellento, pro eodem ibidem, per eundem Theobaldum   80   »   »

240. Archidiaconus Aurelianensis, magister Johannes, pro eodem ibidem, per eundem Theobaldum, in quatuor partibus
200   »   »

241. Dominus Robertus Regis canonicus Sancti Quintini, missus in predictam balliviam Senonensem pro negocio quinquagesime   62   10   »

242. Idem Robertus et Symon Payen, pro eodem ibidem
32   »   »

243. Magister Petrus de Bello Monte, pro eodem
12   »   »

per predictum Theobaldum.

244. Item cantor Milliaci Guillelmus, pro eodem in ballivia Bituricensi, per Petrum Lombardum receptorem ibidem
88   »   »

245. Magister Renaudus de Giresmo, per eundem Petrum, pro eodem ibidem   184   »   »

246. Predicti cantor et Renaudus, pro eodem ibidem, per eundem Petrum   40   »   »

247. Comes Sancti Pauli, dominus Guido, pro vadiis suis, antequam esset buticularius Francie, per 65 dies, 4 s. per diem
13   »   »

et postquam fuit buticularius, cum rege, per 93 dies, 25 s. per diem   116   5   »

et sine rege, apud Sanctum Quintinum, per 87 dies, usque ad diem Lune in crastino Sancti Martini hyemalis, 60 s. per diem
261   »   »

248. Magister Johannes de Forest, pro expensis suis in scacario Sancti Michaelis per 24 dies, 4 s. per diem 26   4   »

249. Jacobus Louchart de Attrebato, pro mutuo sibi reddito, per magistrum Johannem Clersens   3,200   »   »

250. Gauffridus Cocatriz, pro garnisionibus faciendis, per eundem Johannem   2,000   »   »

251. Item dominus Galterus de Capella, pro operibus, per eundem Johannem   500   »   »

252. Johannes Arrode, pro denariis sibi traditis, per eundem Johannem   2,600   »   »

253. Executores Jacobi Louchart predicti, pro quibusdam

litteris domini P. Grignart redditis eisdem executoribus, per eundem Johannem Clersens 300 » »
recuperandas super executores predictos.

254. Magister Robertus de Pontisera, pro denariis sibi traditis, per eundem Johannem, pro negocio regis 80 » »

255. Monachi de Frigido Monte, pro garnisionibus captis ab ipsis, per eundem Johannem 68 » »

256. Idem Johannes Clersens, pro expensis suis per 166 dies, procurando peccuniam de testamento Jacobi Louchart predicti
167 2 »
et pro hernesiis, nunciis missis et aliis neccessariis 46 11 8
et pro vectura denariorum de dicto testamento 80 74 10
et pro uno palafredo et uno summario mortuis in prosecutione dicti testamenti 40 » »
et pro salario cujusdam tabellionis, cujusdam clerici, quatuor servientum, et pro scriptura 104 » »

257. Operatorium Meleduni, per Petrum le Vache
60 10 »

258. Thesaurarii, pro litteris et nunciis missis pro negocio regis pluries per diversa loca a tempore quo inceperunt officium thesaurarie usque ad istos compotos Omnium Sanctorum XCVI°
87 » 6
et pro pargameno et incausto » 68 10
et pro operibus armariolorum apud Luparam, seris, clavibus et aliis minutis 20 16 »

259. Johannes Wuyde Rue de Compendio, pro denariis traditis Martino Pethiot pro garnisionibus faciendis Rothomagi, de quibus idem Martinus conputavit 17 4 »

260. Abbas Joyaci, frater Henrricus, thesaurarius, super expensas suas a tempore quo incepit officium 500 » »

Summa 17,400 67 9 P.[1]

---

1. Ce total est erroné; il faudrait 17,903 l. 7 s. 9 d. C'est la seule faute d'addition qui soit dans tout ce compte.

(Verso.)

COMPOTUS THESAURARIORUM LUPARE

DE TERMINO O. S. XCVI°. — III^{us}.

Prepositure	8,018	7	11 P.
videlicet :			
261. Parisius	6	7	11
262. Mons Letherici	196	12	2
263. Gonessa	92	9	2
264. Castrum Forte	70	»	7
265. Corbolium	239	3	2
266. Pissiacum	60	13	9
Summa	665	6	9
267. Silvanectum	211	7	4
268. Calvus Mons	32	6	8
269. Pontisera	210	19	9
270. Bellus Mons et Asnerie	107	7	3
271. Pons Sancte Maxencie	129	5	1
272. Compendium	171	10	6
273. Bestisiacum et Verbria	316	12	7
274. Petra Fons	327	17	11
275. Chosiacum et Thorota	146	2	8
Summa	1,653	9	9
276. Viromandia : Laudunum	499	13	3
277. Villa Nova Regis in Belvacinio	100	»	»
278. Mons Desiderii	72	10	8
279. Roya	449	15	»
280. Sanctus Quintinus et Ribemons	236	9	2
281. Calniacum	89	6	8
282. Perona	496	13	10
Summa	1,944	8	7

283. Ambiani	327	17	2
284. Bella Quercus	300	25	4
285. Dullendium	69	18	8
286. Monsterolium et Sanctus Richarius	351	2	8
Summa	1,050	3	10
287. Senonis	519	2	3
288. Pontes super Yonam	32	»	»
289. Granchie	6	13	4
290. Villa Nova juxta Senonis	225	7	8
291. Vallis Maura, Fossa Maura, R[i]v[e]ria et Maaleyum	40	»	»
292. Chesayum, Lissiacum et Voos	78	9	2
293. Dooletum	7	10	»
294. Flagiacum	30	»	»
295. Loretum in Boscagio	25	»	»
296. Dymons	30	»	»
297. Nemosium	38	10	8
298. Moretum	160	61	»
299. Samesium	20	»	»
300. Gressium et Capella	69	5	»
301. Meledunum	25	7	11
302. Castellatum	46	13	4
303. Castrum Nantonis	170	14	6
Summa	1,527	14	10
304. Aurelianum	792	4	10
305. Castrum Novum	12	14	4
306. Novilla	31	13	4
307. Curciacum	13	6	8
308. Vitriacum	10	»	»
309. Burgus Novus	4	13	4
310. Boscus Communis	30	2	4
311. Evra	4	»	12
312. Hyenvilla	152	»	»
313. Mons Argi	58	15	8
314. Cepeyum	20	»	»
315. Lorriacum	47	12	8
Summa	1,177	4	2
Summa totalis, ut prius	8,018	7	11

De mutuis 41,329 4 4 P.

videlicet :

316. De Aelide de Baayllon, per Renaudum du Cavech 62 » »
XXVᵃ die Junii, in crastino Nativitatis beati Johannis.

317. De Johanne de Sancto Verano 200 » »
XXVIᵃ die Junii.

318. De Corbolio et castellania ibidem, pro prima medietate, 600 l. Vᵃ die Julii, et XIIIIᵃ die Augusti 412 l., et XXVᵃ die Septembris 100 l., et IIIᵃ die Octobris 88 l. Summa 1,200 » »

319. De residuo mutuorum factorum a burgensibus Rothomagi nominatis a tergo compoti ballivi Rothomagensis Pasche XCVIᵒ, 820 l. Tur. XVIᵃ die Julii et alias 656 » » per ballivum.

320. De villa Parisius, per Nivardum 72 » »
XVIᵃ die Augusti.

321. De Goberto Sarraceni de Lauduno 300 » »
XVIIᵃ die Augusti.

322. De Johanne Richomme de Cathalano 1,000 l. Tur. Valent 800 » »
Par. XIXᵃ die Augusti.

323. De Dulchio Manier, de societate Bardorum de Florencia, 500 l. Tur. Valent 400 » »
Par. XXVᵃ die Augusti.

324. De Bindo Escarche, de societate Cerdorum Alborum de Florencia, 500 l. Tur. 400 » »
tunc.

325. De Ouberto Jonte, de societate Cerdorum Nigrorum de Florencia, 500 l. Tur. 400 » »
tunc.

326. De Lappo Piti, de societate Mozorum de Florencia, 500 l. Tur. 400 » »
XXVIᵃ die Augusti.

327. De ballivia Silvanectensi, per Guillelmum de Sancto Vincencio, 556 l. XXVIᵃ die Augusti, et XXVIIIᵃ die Octobris 150 l. 3 s. Summa 706 3 »

328. De Alpicio Dyan, de societate Scotorum de Placencia, per dictum Vidaume, 2,000 l. Tur. 1,600 » »
XXVIIᵃ die Augusti.

329. De Renero de Passu de Florencia, per dictum Vidaume, 600 l. Tur. tunc. 480 » »

330. De Girardo Capon., Guidone Cavassole, Lanceloto d'Angoyssole et Johanne de Vantiduno, pro se et aliis campsoribus de Placencia, 3,500 l. Tur. 2,800 » »
XXX^a die Augusti.

331. De dicto Bone Gayne Lombardo 500 l. Tur. 400 » »
Par. tunc.

332. De societate Petrucie 1,000 l. Tur. 800 » »
tunc.

333. De societate Clarencium de Pistorio 2,000 l. Tur. 1,600 » »
tunc.

334. De Lappo Piti, de societate Scale, 800 l. Tur. 640 » »
ultima die Augusti.

335. De societate Spine de Florencia, per Renuchium Hugonem, 2,000 l. Tur. 1,600 » »
IIII^a die Septembris.

336. De Adam Halot, per Bartholomeum Blanc Baston, 1,017 l. 8 s. 6 d. Tur. tunc et alias 813 18 10

337. De villis Attrebati et Corbeye, per Galterum Loth et Thomam Rustici procuratores Bichii et Mouscheti, 9,547 l. 10 s. Tur. (partes apud magistros per cedulam); valent 7,638 » »
XXV^a die Septembris.

338. De villa et castellania Pissiaci, per Hugonem de Passu, 1,060 l. prima die Octobris, et XX^a die Octobris 405 l., et ultima die Novembris (9 l. Summa 1,564 » »

339. De Roberto et Baldo Crispini fratribus de Atrebato 7,300 l. VI^a die Octobris, et XVI^a die Octobris 863 l., et XXI^a die Octobris 1,830 l. Summa 9,993 » »

340. De villa et castellania Pontisare, per Guillelmum de Ruella, 1,800 l. XVIII^a die Octobris, et XVII^a die Novembris 700 l., et ultima die Novembris 135 l. 2 s. 6 d., et per Johannem Minerii, XXIII^a die Octobris, 2,600 l., et XVII^a die Novembris 450 l., et ultima die Novembris 39 l. Summa
5,724 2 6

341. De Vernone et castellania ibidem, per Guillelmum d'Espovilla, 100 l. Tur. 80 » »
VII^a die Novembris.

Summa totalis, ut prius   41,329   4   4 P.

De centesima   15,708   2   4 P.

videlicet :

342. De prepositura Sancti Quintini, per Renaudum du Cavech, pro magistro Henrrico de Gauchi, 106 s. XXV^a die Junii, et XXI^a die Octobris 60 l. Summa   65   6   »

343. De prepositura Montis Desiderii, per Egidium de Lauduno quondam prepositum ibidem, 120 l. 13 s. XI^a die Julii, et X^a die Octobris 38 l. 15 s. Summa   159   8   »

344. De ballivia Rothomagensi, per ballivum, 592 l. 11 s. 4 d. Tur.   474   »   13
XVI^a die Julii.

345. De ballivia Bituricensi, per Petrum Lombardum receptorem ibidem   248   8   10
III^a die Augusti.

346. De Balneolis Sancti Eblandi   7   10   »
XVII^a die Septembris.

347. De vicecomitatu Cadomensi, per Johannem le Hanapier, 200 l. Tur.   160   »   »
XVIII^a die Julii.

348. De ballivia Gisorcii, per Guillelmum d'Espovilla, 740 l. Tur.   592   »   »
XXVII^a die Septembris.

349. De ballivia Ambianensi, per Galtherum Loth et Thomam Rustici procuratores Bichii et Mouscheti, 17,315 l. 10 s. 6 d. Tur. (partes apud magistros per cedulam) XXV^a die Septembris; valent 13,852 l. 8 s. 5 d.; et XXVI^a die Octobris, per magistrum Herricum de Gauchi, 149 l. Summa
14,000   28   5

Summa totalis, ut prius   15,708   2   4

De quinquagesima 116,810 8 4 P.
videlicet :
350. De parrochia de Meudon, de Sevre et de Villa d'Avray
   42 » »
XXV^a die Junii in crastino Nativitatis beati Johannis.
351. De Arcolio 12 16 »
tunc.
352. De Lupicenis 17 » »
tunc.
353. De Sancto Clodoaldo 18 l. tunc, et XIX^a die Septembris 4 l. Summa 22 » »
354. De Fossis et de Bello Fonte 37 » »
tunc.
355. De Calvimontello 7 » »
tunc.
356. De Darenciaco » 75 »
XXVI^a die Junii.
357. De Burgello 7 » »
tunc.
358. De Croissiaco » 40 »
tunc.
359. De S. Marcello, Laorcenis et Murellis 14 » »
tunc.
360. De Haubervillari et Capella 50 10 »
tunc.
361. De Crepicordio et Curia Nova 12 » »
tunc.
362. De villa Sancti Dionisii, per Johannem de Marolio et Stephanum de Solario 160 l., et per Egidium Rigot et Nicholaum de Medunta 100 l., et per Johannem Patart et Henricum de Vaudernant 36 l., tunc totum. Summa 296 » »
363. De Espiers 20 » »
XXVII^a die Junii.
364. De Corbolio 48 » »
tunc.
365. De Royssiaco 16 l. tunc, et XIX^a die Septembris 8 l. Summa 24 » »
366. De Fraxinis juxta Burgum Regine et Villa Millan
   » 60 »
tunc.

367. De Gonessa, Tilleyo et Vaudernant 23 » »
tunc.
368. De Cormeliis, Feritate, Montiniaco et Francovilla in dominio abbatis Sancti Dionisii 80 » »
XXVIII^a die Junii.
369. De Balneolis Sancti Erblandi 36 l. tunc, et XVII^a die Septembris 100 s. Summa 41 » »
370. De Allodiis Regis versus Pissiacum 17 » »
tunc.
371. De Orliaco 67 l. 10 s. XXIX^a die Junii, et XXI^a die Septembris 80 l. Summa 147 10 »
372. De Sorenis et de Puteaus cum pertinenciis 16 » »
ultima die Junii.
373. De Antoniaco et prepositura ibidem 52 l. 11 s. tunc, et XVIII^a die Septembris 28 l. 10 s. Summa 80 21 »
374. De Villa Picta 8 » »
tunc.
375. De Laiaco et Civilliaco 19 12 »
tunc.
376. De Puteolis, Castaneto et Jaygniaco 7 » »
tunc.
377. De Bouconval » 45 »
tunc.
378. De Jassignioc 8 8 »
tunc.
379. De Maciaco 32 » »
prima die Julii.
380. De Argentolio 110 » »
II^a die Julii.
381. De Gargiis, Ermonovilla, Bonolio, Setayns et Dugniaco
6 » »
tunc.
382. De Monciaco Novo 6 » »
tunc.
383. De Petra Ficta et Sancto Leodegario 24 » »
tunc.
384. De Longo Piro et Monciaco Veteri 6 » »
tunc.
385. De Vemarç 10 » »
tunc.

386. De Malliaco la Vile   16 » »
tunc.

387. De Parisius in parrochia Sanctorum Lupi et Egidii
II^a die Julii.   60 » »

388. De Rungiaco   8   4 »
III^a die Julii.

389. De Villa Nova Regis   18 » »
IIII^a die Julii.

390. De Villaribus super Briacum   11   14 »
tunc.

391. De Villari le Bel   30 » »
tunc.

392. De Chavenolio versus Pissiacum   11   5 »
tunc.

393. De Sancto Leodegario in Laya et de Hanemont
    13 » »
tunc.

394. De Pentino et parrochia ibidem   19   4 »
tunc.

395. De Vitriaco, Yvriaco, Thioys, Grignon et Choysi
    116 » »
tunc.

396. De Sercellis   60 » »
VII^a die Julii.

397. De Lusarchiis   40 » »
tunc.

398. De Sancto Germano in Laya   40 » »
tunc.

399. De Cauda, Pontaz et Amboysa   20 » »
tunc.

400. De Jablines   9   12 »
XII^a die Julii.

401. De Marolio et Stagno subtus Marliacum Castrum et de
Fourqueus   49   2 »
tunc.

402. De Monte Martirum, Clignencourt et quadam parte Villete Sancti Lazari   23 » »
XVII^a die Julii.

403. De Pissiaco et parrochia ibidem, Mesnilio, Quarreriis et quadam parte Archeriarum 50 » »
XIXᵃ die Julii.
404. De Mesnilio Alberici 22 » »
XXᵃ die Julii.
405. De Mesnilio Domine Rancie 16 » »
tunc.
406. De Ferreriis juxta Latiniacum super Maternam
» 100 »
XXIᵃ die Julii.
407. De Capella versus Sanctum Dionisium 23 l. XXVIᵃ die Julii, et XXIIIIᵃ die Septembris 13 l., et ultima die Octobris 7 l. Summa 43 » »
408. De villa Sancti Germani de Pratis, Vanvis et Yssiaco
40 » »
ultima die Julii.
409. De Yverniaco » 115 2
prima die Septembris.
410. De Ruolio juxta Feritatem Ancoul 4 16 »
tunc.
411. De Feritate Ancoul 48 l. tunc, et XXVᵃ die Septembris 80 l. Summa 128 » »
412. De Vinantes » 60 »
IIᵃ die Septembris.
413. De Juliaco 8 » »
tunc.
414. De Sancto Maximo et Vinolio 40 l. tunc, et XIXᵃ die Septembris 14 l. 8 s. Summa 54 8 »
415. De Montigyer et parrochia ibidem » 64 1
tunc.
416. De Nantolheto » 68 »
tunc.
417. De parrochia Ayssone et villa Corbolii in eadem parrochia 52 » »
IIIIᵃ die Septembris.
418. De Palaciolo et Champlant 11 2 »
XIIIᵃ die Septembris.
419. De Charrona » 107 3
XIIIIᵃ die Septembris.

420. De Marliaco Castro 40 10 »
XV^a die Septembris.
421. De Castaneto et Alneto versus Burgum Regine
 32 » »
XVII^a die Septembris.
422. De Ceaus le Grant et Ceaus le Petit et Plesseyo
 » 60 »
XVIII^a die Septembris.
423. De Fossatis et Varenna 22 » »
tunc.
424. De Villa Nova subtus Domnum Martinum 12 » »
XIX^a die Septembris.
425. De Campiniaco versus Fossata 13 » »
tunc.
426. De Fontaneto versus Vicennas 8 » »
XX^a die Septembris.
427. De Germiniaco 9 12 »
XXII^a die Septembris.
428. De Triaco le Port et Danciaco 7 l. 5 s. 4 d., et de quodam vico de Triaco qui est ad usus Campanie 104 s. 9 d. tunc. Summa 12 10 1
429. De Iciaco et Changiaco 28 16 »
tunc.
430. De Limolio et parrochia ibidem » 50 »
tunc.
431. De Compenso et Condeto 6 » »
XXIII^a die Septembris.
432. De Varetes 20 16 »
XXVII^a die Septembris.
433. De Thius subtus Domnum Martinum 14 10 »
ultima die Septembris.
434. De Christolio 30 » »
XVIII^a die Octobris.
435. De Kala 23 » »
XXII^a die Octobris.
436. De Armenteriis prope Meldis 15 4 »
XXVI^a die Octobris.
437. De Malo Regardo 14 » »
tunc.

438. De Domunculis 44 8 »
XXVIIIᵃ die Octobris.
439. De Mitriaco, Moyriaco et Villa ad Asinos 40 » »
tunc.
440. De Joyaco super Morayn 16 » »
tunc.
441. De Phauresmouster in Bria cum pertinenciis
tunc. 34 » »
442. De Cella in Bria, Villari Templi et Ramato Villari
tunc. 19 4 »
443. De Villari super Morayn 10 » »
IIIᵃ die Novembris.
444. De Villa Nova Sancti Georgii 6 10 »
tunc.
445. De ballivia Silvanectensi, per Guillelmum de Sancto Vincencio, 2,357 l. VIᵃ die Julii, et XXVIᵃ die Augusti 152 l. 7 s. 1 d., et XXVIIIᵃ die Octobris in duabus partibus 1,573 l. 4 s. 11 d. Summa 4,080 52 »
446. De ballivia Viromandensi, per Renaudum du Cavech, 2,158 l. XXVᵃ die Junii, et XXXᵃ die Julii, per eundem Renaudum, 1,900 l. 78 s., et IXᵃ die Augusti, per eundem Renaudum, 300 l., et XXIᵃ die Octobris, per eundem Renaudum, 1,144 l. 12 d. — In prepositura Montis Desiderii, per Gilibertum Boyvin, 102 l. XXIXᵃ die Julii, et Xᵃ die Octobris, per eundem Gilibertum, 78 l. 5 s. — In prepositura Lauduni, per Herricum Liziardi, 480 l. XXVIᵃ die Julii, pro Goberto Sarraceni, et VIᵃ die Augusti 798 l., per Odardum Sarraceni, et XVIIᵃ die Augusti, per eundem Odardum, 420 l., et IIIᵃ die Novembris, per eundem Odardum, 942 l. — Summa 8,326 4 »
447. De ballivia Ambianensi, per Arnulphum de Cambio, pro Symone de Croyaco, 635 l. XXIXᵃ die Julii, et IIᵃ die Septembris 1,108 l. Summa 1,743 » »
448. De senescallia Pontivi, per Jacobum Mayngot
140 » »
IIᵃ die Augusti.
449. De ballivia Senonensi, per Theobaldum Armigeri, 2,260 l. Xᵃ die Julii, et XIXᵃ die Septembris 1,742 l. 2 s., et XXIIᵃ die Novembris 1,626 l. 10 s. 10 d., XXIIIᵃ die Novembris 4,440 l. 4 s. 9 d. Summa 10,068 17 7

450. De ballivia Aurelianensi, per Egidium Cassine, 15,758 l. 15 s. 5 d. XXVᵃ die Septembris, et XVIIᵃ die Octobris 845 l. 4 d. Summa 16,600 75 9

451. De ballivia Bituricensi, per Petrum Lombardum receptorem ibidem, 5,068 l. XVᵃ die Julii, et XXVIIIᵃ die Julii 825 l. 15 s., et IIIᵃ die Augusti 9,348 l. 16 s. 2 d. Summa
15,242 11 2

452. De ballivia Rothomagensi, per ballivum Renaudum Barbou juniorem, 21,677 l. 13 s. 9 d. Tur. XVIᵃ die Julii. Valent 17,342 3 »

453. De ballivia Cadomensi, per Johannem le Hanapier, 5,000 l. Tur. XIᵃ die Julii, et XVIIIᵃ die Julii 10,406 l. 8 s. 1 d. Tur., et prima die Septembris 140 l. Tur., et VIIᵃ die Novembris 180 l. 29 s. 2 d. Tur. Summa 15,727 l. 17 s. 3 d. Tur. Valent 12,580 45 10

454. De ballivia Gisorcii, per Guillelmum d'Espovilla receptorem, 2,020 l. XVIIIᵃ die Julii, et IIᵃ die Augusti 2,000 l., et Xᵃ die Septembris 62 l., et VIᵃ die Octobris 3,200 l. Summa
7,280 40 »

455. De ballivia Arvernie, per Girardum Chauchat receptorem ibidem, 20,512 l. 17 s. 2 d. Tur. XIIIᵃ die Novembris. Valent 16,410 5 9

456. De senescallia Pictavensi, per Petrum de Melet receptorem ibidem, 5,307 l. 15 s. 10 d. Tur. XXVIᵃ die Novembris. Valent 4,246 4 8

Summa quinquagesime, ut prius 116,810 8 4 P.

457. Heredes Rooniaci, pro feodo Locharum, pro toto, 600 l., et pro feodo Alcuconis, pro toto, 100 l. Summa 700 » » P. videlicet :

458. Cambellanus de Tanquarvilla, dominus Robertus, ratione uxoris sue 540 » »

459. Guillelmus d'Erneval, similiter ratione uxoris sue Ydonie 80 » »

460. Dominus Chambleii Petrus miles, similiter ratione uxoris sue domine Ysabelle 80 » »

Summa ut prius.

INDEX

Abréviations : B., Beatus, Beata. — Cf., confer. — Comm., commune. — S., Saint, Sanctus, Sancta, etc. — S.-et-M., Seine-et-Marne. — S.-et-O., Seine-et-Oise. — V., voyez.

Chaque localité fait en général l'objet de deux articles, l'un au nom employé dans le texte, l'autre (ordinairement plus détaillé) au nom usité aujourd'hui ; quand ces deux articles devraient se suivre immédiatement, le premier est omis. Les noms de lieux qui sont précédés en français de l'article *le, la, les,* sont classés alphabétiquement au mot suivant.

Pour le groupement géographique des noms de lieux qui figurent à cet index, v. les mots Belgique, Espagne, France, Grande-Bretagne, Italie, Pays-Bas.

Les noms d'hommes et de choses n'ont été portés dans l'index, en général, que sous la forme latine employée dans le texte du compte.

Pour le groupement chronologique des dates exprimées dans le compte, v. les mots Februarius, Martius, Maius, Junius, Julius, Augustus, September, October, November, December.

Aasiez (Stephanus li), 161.
Abbas S. Crispini Majoris Suessionensis, 53 ; S. Dionisii, 368 ; de Ferreriis, 77 ; S. Fusciani in Bosco, 30 ; S. Genovefe Parisiensis, 76, 77 ; S. Germani de Pratis, 16 ; Joyaci, Henrricus, thesaurarius, 232, 260. — Abbas et conventus de Britholio, 29 ; S. Johannis in Vineis Suessionensis, 26 ; S. Medardi Suessionensis, 25 ; S. Yllidii Claromontensis, 32.

Abbatia Clare Vallis, 19 ; S. Eligii Noviomensis, 206.
Abbatissa B. Marie Suessionensis, 54 ; Gerciaci, 136.
Accurrii (Johannes) et pater, 48.
Achères (S.-et-O.), Archerie, 403.
Acquisita, 20, 26, 28, 29.
Ada Wagnon de Lauduno, 23.
Adam Bouchart, 169 ; de Cardineto, 36 ; Halot, 90, 129, 336.
Adamville ou la Varenne (Seine, comm. de S.-Maur-les-Fossés), Varenna, 423.

[Ademarus de Cros] episcopus Claromontensis, 32.

Ægidius, v. Egidius, Giletus.

Aelis de Baayllon, 316 ; dicta Faceta de Lauduno, 40.

Agde (Hérault) : Agatensis episcopus [Raimundus], 15.

Aisne, v. Ambleny, Chauny, Laon, Laversine, Marle, Ribemont, S.-Quentin, Soissons, Suzy.

Alani (Baldoinus), 200.

Alberici (Mesnilium), le Mesnil-Aubry, 404.

Albericus filius Aelidis dicte Facete de Lauduno, 40.

Albi (Cerdi) de Florencia, 324.

Albinus (S.) [1er mars], 203.

Alençon (Orne) : feodum Alenconis, 137, 457-460.

Alesie (Feritas), la Ferté-Alais, 143.

Alluets-le-Roi [les] (S.-et-O.), Allodia Regis versus Pissiacum, 376.

Alnetum versus Burgum Regine, Aulnay, 421.

Alpicius Dyan, 328.

Alta justicia de Salis, 113.

Altare S. Michaelis in ecclesia de Chambleio, 152.

Ambianensis, d'Amiens, 4, 30, 98, 349, 447.

Ambiani, Amiens, 283. — De Ambianis (Leonardus le Sec), 30, 33.

Ambleny[1] (Aisne), Ambliniacum, 114.

Amboysa, Ormesson, 399.

Amelius de Villari, dominus de Salis, 113.

Ami Diu (Juliana), 105.

Amiens (Somme), Ambiani, 283.
— Ambianensis ballivia, 4, 98, 349, 447, cf. 283-286 ; capellani B. Marie, 30. — De Ambianis (Leonardus le Sec), 30, 33.

Amortisationes, 19, 25, 30.

Ancinade, S.-Amans-de-Lursinade (?), 108.

Ancoul (Feritas), la Ferté-sous-Jouarre, 410, 411.

Andelot (Haute-Marne), 110.

Anglais (les), Anglici, 33. — Cf. Winchester, 35.

Angoyssole (Lancelotus d'), 330.

Ansellus de Castaneto, 123.

Antelinus de Varignies, 225.

Antony (Seine), Antoniacum, 373.

Apelot (Egidius, Stephanus) de Giemo, 209.

Aquila, 187.

Aquis (Johannes de), 22, 70.

Aragon (l'), Aragonia, 76-78.

Archerie, Achères, 403.

Archidiaconus Aurelianensis, Johannes, 240 ; Brugensis, Stephanus de Susi, 236.

Arcolium, Arcueil, 351.

Arcuarius (Symon), 120.

Arcueil (Seine), Arcolium, 351.

Argenteuil (S.-et-O.), Argentolium, 380. — De Argentolio (Johannes Majoris), 230, 231.

Argentum, 15, 17, 88, 191.

Argi (Mons), Montargis, 184, 313.

Armariolorum opera, 258.

Armentières (S.-et-M.), Armenterie prope Meldis, 436.

Armigeri : Guiardus de Herbovilla, 31 ; Johannes de Mornayo,

---

1. En juillet 1296, le roi vendit au chapitre de Soissons ses domaines d'Ambleny et de Chelles, pour 4,250 livres de petits tournois. (Cartulaire du chapitre, aux archives de l'Aisne, fol. 7. — Communication de M. Matton, archiviste de l'Aisne.)

22. — Armigeri (Theobaldus), 20, 101, 238-240, 243, 449.
Arnaldi (Campus), Camparnaud, 108.
Arnouville-lez-Gonesse (S.-et-O.), Ermonovilla, 381.
Arnulphus de Cambio, 447 ; Merlini, 234.
Arras (Pas-de-Calais), villa Attrebati, 337. — De Atrebato, Attrebato (Jacobus Louchart), 65, 249, 253, 256 ; (Johannes), 213, 214 ; (Robertus et Baldus Crispini), 339.
Arrode (Johannes), 252.
Artois : Attrebatensis comes [Robertus], 120.
Arvernia, Auvergne, 81-83, 118, 126, 455.
Ascensio [MCC]XCV° [12 mai], 119 ; [MCC]XCVI° [3 mai], 119, 123, 125-127, 191.
Asinos (Villa ad), la Villette-aux-Aulnes, 439.
Asnières-sur-Oise (S.-et-O.), Asnerie, 270. — V. Royaumont.
Assisia terre Ludovici fratris regis, 225.
Assumptio B. Marie [15 août], 190.
Atrebato (de), v. Arras.
Attiliator : Guillelmus, 184.
Attrebatensis, d'Artois : comes, 120.
Attrebatum, de Attrebato, v. Arras.
Aube, v. Clairvaux, Troyes.
Aubervilliers ou les Vertus (Seine), Haubervillare, 360.
Aude, v. Carcassonne.
Augustus, 203, 318, 320-334, 345, 445, 446, 451 ; v. Assumptio.
Aula (Renaudus de), 167.
Aulnay (Seine, comm. de Châtenay), Alnetum versus Burgum Regine, 421.
Auppegard (Seine-Inférieure). —
D'Aupegart (Vietus), Judeus, 97, 105.
Aurelianensis, d'Orléans : archidiaconus, Johannes, 240 ; ballivia, 6, 103, 123, 450, cf. 304-315 ; partes Aurelianenses, 226.
Aurelianum, Orléans, 56, 304. — De Aureliano (Egidius), 217.
Aurifaber : Guillelmus, 17, 191.
Aurum, 72, 73, 191.
Austur, 15.
Auvergne : Arvernie ballivia, 81, 126, 455 ; ballivus, Johannes de Tria, 126 ; receptor, Girardus Chauchat, 81-83, 118, 455.
Avena, 55-59.
Avray (Villa d'), Ville- d'Avray, 350.
Ayssona, Essonnes, 417.
Baayllon (Aelis de), 316.
Bagneux (Seine), Balneoli S. Eblandi, S. Erblandi, 346, 369.
Bailleul-sur-Thérain (Oise), v. Froidmont.
Baillolio (Symon de), 177.
Bailly-Romainvilliers (S.-et-M.), v. Romainvilliers.
Baldoinus Alani, 200 ; Poutrel, 84, 93.
Baldus Crispini de Atrebato, 339.
Ballistarii equi, 46.
Ballivie, 1-8 : Ambianensis, 4, 98, 349, 447, cf. 283-286 ; Arvernie, 81, 126, 455 ; Aurelianensis, 6, 103, 123, 450, cf. 304-315 ; Bituricensis, 7, 24, 96, 213, 214, 244-246, 345, 451 ; Cadomensis, 95, 453 ; Caleti, 99 ; Calvi Montis, 121 ; Campanie, 102 ; Constanciencis, 95 ; Gisorcii, 348, 454 ; Parisiensis, 1, cf. 261-266 ; Rothomagensis, 93, 344, 452 ; Senonensis, 5, 20, 101, 238-243, 449, cf. 287-303 ; Silvanectensis, 2, 228-231, 327, 445, cf.

267-275 ; Trecensis, 121, 122 ; Turonensis, 8, 104, 200, 201 ; Viromandensis, 3, 28, 42, 43, 97, 198, 446, cf. 234, 276-282 ; Vitriaci, 121, 122.

Ballivus Arvernie, Johannes de Tria, 126 ; Cadomensis, Guillelmus de Hangesto junior, 130, 220 ; Caleti, Adam Halot, 90, 129, 336 ; Constanciensis, 131 ; Masticonensis, Johannes de Chintrellis, 216 ; Rothomagensis, Renaudus Barbou junior, 85-92, 107, 128, 319, 344, 452 ; Vernolii, 132.

Balneoli S. Eblandi, S. Erblandi, Bagneux, 346, 369.

Barbou (Renaudus) junior, ballivus Rothomagensis, 107, 452, cf. 85-92, 128, 319, 344 ; vetus, senior, 107, 165.

Bardi de Florencia, 323.

Barillarius : Girardus, 235.

Bartholomeus Blanc Baston, 99, 336.

Bassa justicia, 108.

Bassigny (le). — Nogentum in Bassigneyo, Nogent - Haute - Marne, 193, 194.

Baston (Barth. Blanc), 99, 336.

Beatrix soror thesaurarii Huberti, 163.

Beatus Johannes, B. Maria, v. Johannes, Maria.

Beaucaire (Gard), Bellicadrum, 219 : Bellicadri senescalcia, 78-80, 199.

Beaumont-sur-Oise (S.-et-O.), Bellus Mons, 270. — Cf. 243.

Beauquesne (Somme), Bella Quercus, 284.

Beauvoisis (le). — Villa Nova Regis in Belvacinio, la Villeneuve-le-Roi, 277.

Becucii (Guillelmus Petri), 112.

Beguine, 204.

Bel (Villare le), Villiers-le-Bel, 391.

Bele (Renerus de la), 39.

Belgique, v. Bruges, Flandre, Tournai.

Bella Quercus, Beauquesne, 284.

Bellefontaine (S.-et-O.), Bellus Fons, 354.

Bellicadrum, Beaucaire, 78-80, 199, 219.

Bellus Fons, Bellefontaine, 354 ; Mons, Beaumont-sur-Oise, 270. — De Bello Monte (Petrus), 243.

Belvacinium, le Beauvoisis, 277.

Bernardus Carbonel, 75 ; Rascassol, 75 ; Remundi, 75.

Béthisy-S.-Pierre (Oise), Bestisiacum, 273.

Bethléem (Nièvre, comm. de Clamecy) : episcopus de Bethleem, dominus Hugo, 159.

Betinus Caucinel, Caucinelli, 72, 166.

Bichius, 89, 216, 337, 349.

Bien Fayte (Stephanus de), 145, 168.

Bindus Escarche, 324.

Bituricensis, de Bourges, 7, 24, 96, 118, 197, 213, 214, 244-246, 345, 451.

Blanc Baston (Barth.), 99, 336.

Blangi (Salomo de), 99.

Blasius (S.) in capella regis Parisius, 140.

Boel (Symon), 229, 231.

Boiscommun (Loiret), Boscus Communis, 310.

Bona capta in navibus Anglicorum, 33 ; episcopi Vincestrie, 35.

Bona Villa, Bonneville-sur-Touques, 86.

Bone Gayne, Lombardus, 331.

Bonin (Monsterolium), Montreuil-Bonnin, 75.

Bonneuil (S.-et-O.), Bonolium, 381.
Bonneville-sur-Touques (Calvados), Bona Villa, 86.
Bonolium, Bonneuil, 381.
Boscagio (Loretum in), Lorrez-le-Bocage, 295.
Bosci, 168, 169, 192, 208.
Bosco (S. Fuscianus in), S.-Fuscien, 30.
Boscus Communis, Boiscommun, 310.
Bouchart (Adam), 169.
Bouqueval (S.-et-O.), Bouconval, 377.
Bourges (Cher) : Bituricensis ballivia, 7, 24, 96, 213, 214, 244-246, 345, 451 ; receptor, Petrus Lombardus, 24, 96, 118, 197, 213, 214, 244-246, 345, 451.
Bourget [le] (Seine), Burgellum, 357.
Bourg-la-Reine (Seine), Burgus Regine, 366, 421.
Bourgneuf (Loiret, comm. de Loury ? cf. *Rec. des hist. de Fr.*, XXII, 572, n. 1), Burgus Novus, 309.
Bourgogne (la), Burgundia, 218.
Bouroudi (Richardus), 116.
Bovilla (Johannes de), 168.
Boyvin (Gilibertus), 446.
Bretagne : via Britannie, 193-196.
Breteuil-sur-Noye (Oise) : abbas et conventus de Britholio, 29.
Breviarium, 203.
Bria, la Brie, 441, 442.
Briacum, Bry-sur-Marne, 390.
Brie (la), Bria, 441, 442.
Britannia, la Bretagne, 193-196.
Britholium, Breteuil-sur-Noye, 29.
Britonis (Johannes), 169.
Bruges (Belgique) : Brugensis archidiaconus, Stephanus de Susi, 236.

Brulhi, Brulheyo (Radulphus de), 11, 190.
Bry-sur-Marne (Seine). — Villaria super Briacum, Villiers-sur-Marne, 390.
Burellum, 233.
Burgellum, le Bourget, 357.
Burgenses Rothomagi, 319.
Burgundia, la Bourgogne, 218.
Burgus Novus, Bourgneuf, 309 ; Regine, Bourg-la-Reine, 366, 421.
Busta monete, 73.
Buticularius : Guido, comes S. Pauli, 247.
Butin (Johannes), 172.
Caen (Calvados) : Cadomensis ballivia, 95, 453 ; ballivus, Guillelmus de Hangesto junior, 130, 220 ; vicecomitatus, 347.
Caillet (Nicholaus), 198.
Calceya (Johannes de), 170.
Caletum, v. Caux.
Calniacum, Chauny, 281.
Calvados, v. Bonneville-sur-Touques, Caen, Honfleur, Lisieux, Touques.
Calvimontellum, Chaumontel, 355.
Calvus Mons, Chaumont-en-Bassigny, 121 ; Chaumont-en-Vexin, 268.
Cambellanus de Tanquarvilla, Robertus, 458.
Cambio (Arnulphus de), 447.
Cambium monete, 88.
Cambrai (Nord) : Cameracensis electio, 236.
Camera denariorum, 37, 233.
Camera (Stephanus de), 183.
Cameracensis, de Cambrai, 236.
Campania, la Champagne, 102, 109, 121, 122, 428.
Camparnaud (Tarn-et-Garonne, comm. de la Française), Campus Arnaldi, 108.

Campiniacum versus Fossata, Champigny-sur-Marne, 425.
Campsores de Placencia, 330.
Campus Arnaldi, Camparnaud, 108.
Candelosa [MCC]XCV° [2 févr.], 119.
Canes, 171.
Canonici, 138 : Galterus, 202-205 ; Robertus Regis, 241, 242.
Cantor Milliaci : Guillelmus, 197, 244, 246.
Cantus Lupi, Chanteloup, 21.
Capella regis Parisius, la Sainte-Chapelle, 138-140, 202-205, 207, 223 ; Vicennarum, 202. — Capella : la Chapelle-la-Reine, 300 ; la Chapelle-Saint-Denis, 360, 407. — De Capella (Galterus), 38, 251.
Capellania Odonis capellani Vicennarum, 139 ; capellanie in ecclesia S. Dionisii, 147.
Capellanus altaris S. Michaelis in ecclesia de Chambleio, 152 ; S. Blasii, 140 ; S. Clementis in capella regis inferiori, 139 ; episcopi Dolensis, Philippus, 208 ; S. Germani in Laya, 149 ; Ruphi de Sulhi, Egidius, 120 ; Vicennarum, Odo, 139. — Capellani B. Marie Ambianensis, 30.
Capitulum V[er]nonense, 151 ; et decanus Suessionenses, 114.
Capon. (Girardus), 330.
Caprosia, Chevreuse. — De Caprosia (Johannes), 164.
Carbonel (Bernardus), 75.
Carcassonne (Aude) : senescalcia Carcassonensis, 127.
Cardonnois [le] (Somme). — De Cardineto (Adam), 36.
Carnoto, Chartres (Gabriel de), 107.
Carreriis (Guarinus de), 52.
Carrières-sous-Bois (S.-et-O., comm. du Mesnil-le-Roi), Quarrerie, 403.
Cassine (Egidius), 103, 450.
Castanetum : Châtenay (Seine), 421 ; (S.-et-O.), 376. — De Castaneto (Ansellus), 123.
Castellania Corbolii, 318 ; Pissiaci, 338 ; Pontisare, 340 ; Vernonis, 341.
Castellanus Nigelle : Johannes, 225.
Castellatum, le Châtelet-en-Brie, 302.
Castellum Bone Ville, 86.
Castrum Forte, Châteaufort, 264 ; (Marliacum), Marly-le-Roi, 401, 420 ; Nantonis, Château-Landon, 303 ; Novum, Châteauneuf-sur-Loire, 305.
Cathalanum, Châlons-sur-Marne, 115. — De Cathalano (Johannes Richomme), 322.
Caturcinum, le Quercy, 108.
Caucinel, Caucinelli (Betinus), 72, 166 ; (Sornatus), 75.
Cauda, la Queue-en-Brie, 399.
Caux [le pays de] (Seine-Inférieure) : Caleti ballivia, 99 ; ballivus, Adam Halot, 90, 129, 336.
Cavassole (Guido), 330.
Cavech (Renaudus du), 21, 42, 97, 316, 342, 446.
Caverne versus Latiniacum, Gouvernes, 21.
Ceaus le Grant et Ceaus le Petit, Sceaux, 422.
Ceci Parisienses, 150.
Cedula, 337, 349.
Celle-sur-Morin [la] (S.-et-M.), Cella in Bria, 442.
Cenomania, le Maine, 116.
Centesima, 68, 201, 213, 226, 342-349.
Cepoy. (Loiret), Cepeyum, 314.
Cerdi Albi de Florencia, 324 ; Nigri, 325.

Chaintreaux (S.-et-M.). — De Chintrellis (Johannes), ballivus Masticonensis, 216.
Châlons-sur-Marne (Marne), Cathalanum, 115. — De Cathalano (Johannes Richomme), 322.
Chambly (Oise) : dominus Chambleii, Petrus, miles, 71, 460 ; ecclesia B. Marie de Chambleio, 152. — De Chambli, de Chambleio (Johannes), 144 ; (Petrus), pater, 45 ; (Petrus), miles, dominus de Viermes, 148.
Champagne (la), Campania, 102, 109, 121, 122, 428.
Champigny-sur-Marne (Seine), Campiniacum versus Fossata, 425.
Champlan (S.-et-O.), Champlant, 418.
Changis (S.-et-M.), Changiacum, 429.
Chanteloup (S.-et-M.), Cantus Lupi, 21.
Chapelle-la-Reine [la] (S.-et-M.), Capella, 300.
Chapelle-S.-Denis [la] (Paris), Capella, 360, 407.
Charonne (Paris), Charrona, 419.
Chartres (Eure-et-Loir). — De Carnoto (Gabriel Judeus), 107.
Châteaufort (S.-et-O.), Castrum Forte, 264.
Château-Landon (S.-et-M.), Castrum Nantonis, 303.
Châteauneuf-sur-Loire (Loiret), Castrum Novum, 305.
Châtelet-en-Brie [le] (S.-et-M.), Castellatum, 302.
Châtenay (Seine), Castanetum, 421 ; (S.-et-O.), 376. — De Castaneto (Ansellus), 123.
Chauchat (Girardus), 81-83, 118, 455.

Chaumont-en-Bassigny (Haute-Marne) : ballivia Calvi Montis, 121.
Chaumont-en-Vexin (Oise), Calvus Mons, 268.
Chaumontel (S.-et-O.), Calvimontellum, 355.
Chauny (Aisne), Calniacum, 281.
Chavenay (S.-et-O.), Chavenolium versus Pissiacum, 392.
Checiacum, Chessy, 21.
Chelles (Oise[1]), Kala, 114 ; (S.-et-M.), 435.
Chenoise (S.-et-M.), v. Jouy-l'Abbaye.
Cher, v. Bourges, Massay, Vierzon.
Chéroy (Yonne), Chesayum, 292.
Chesa (prior de) : Petrus de Paredo, 227.
Chesayum, Chéroy, 292.
Chessy (S.-et-M.), Checiacum, 21.
Chevalier (Petrus), 196.
Chevilly (Seine), Civilliacum, 375.
Chevreuse (S.-et-O.). — De Caprosia (Johannes), 164.
Chevri (Johannes de), 18.
Chintrelli, Chaintreaux. — De Chintrellis (Johannes), 216.
Choisy-au-Bac (Oise), Chosiacum, 275.
Choisy-le-Roi (Seine), Choysi, 395.
Christolium, Créteil, 434.
Ciphi, 191.
Cirilli (Petrus de), 12-14.
Civilliacum, Chevilly, 375.
Clairvaux-sur-Aube (Aube), Clara Vallis, 19.
Clamecy (Nièvre), v. Bethléem.
Clara Vallis, Clairvaux-sur-Aube, 19.
Clarencium (societas) de Pistorio, 333.
Claromontensis, de Clermont-Ferrand, 32, 82.

1. V. ci-dessus, Ambleny.

Claves, 258.
Clemens (S.) in capella regis inferiori, 139.
Clericus (Daniel), 100, 106.
Clericus, 256; monetarum, Renaudus de Aula, 167. — Clerici compotorum, 185. — Jacobus de Luceto, 178; Johannes de Hospitali, 91, 120; Johannes de Lillariis, 179, 189; Radulphus de Medonta, 44.
Clermont-Ferrand (Puy-de-Dôme): Claromontensis diocesis, 82; episcopus, 32; S. Yllidius, 32. — Cf. Montferrand, 75.
Clersens (Johannes), 65, 176, 188, 249-256.
Clignancourt (Paris), Clignencourt, 402.
Clodoaldus (S.), S.-Cloud, 353.
Cluny (Saône-et-Loire) : Cluniacensis ordo, 81.
Cocatriz (Gauffridus, Gaufridus), 61-64, 250.
Codreyo (Michael de), 198.
Colinus lotrarius, 173.
Collector subventionis personarum ecclesie : Guillelmus Vassal, 84.
Comes Attrebatensis [Robertus], 120; Drocensis [Johannes], 71; Guellensis [Renaudus], 119; S. Pauli, dominus Guido, 247.
Communia Pictavensis, 120.
Communis (Boscus), Boiscommun, 310.
Compans (S.-et-M.), Compensum, 431.
Compiègne (Oise), Compendium, 272. — De Compendio (Johannes Wuyde Rue), 259.
Compositio, 32, 108.
Compotus ballivi Rothomagensis, 128, 319; Bichii, 216; Johannis de Lillariis, 189; Michaelis de Codreyo et Nicholai Caillet, 198; Petri Genciani, 55; Radulphi de Brulhi, 11; receptorum Campanie, 121; Roberti de Freauvilla et Philippi le Mastin, 199. — Compotorum clerici, 185. — Compoti Omnium Sanctorum, 206, 258, p. 21.
Computandum (burellum ad), 233; (via ad) de decima, 210 ; de garnisionibus, 91.
Conches (S.-et-M.), Conche, 21.
Condeto (Petrus de), 174.
Condetum, près Compans (S.-et-M.)? 431.
Confirmatio, 32, 113.
Congregatio cecorum Parisiensis, 150.
Constanciensis, de Coutances : ballivia, 95 ; ballivus, 131.
Conventiones, 117.
Conventus, v. Abbas.
Conversi, 204, 205.
Conversus (Philippus), 115.
Coquerel (Petrus de), 33.
Coquina regis, 217.
Corbeil (S.-et-O.), Corbolium, 265, 318, 364, 417. — De Corbolio (Johannes le Paylle), 106; (Theobaldus), 162.
Corbie (Somme), villa Corbeye, 337.
Corbolium, de Corbolio, v. Corbeil.
Coria capta, 41.
Cormeilles-en-Parisis (S.-et-O.), Cormelie, 368.
Courcy-aux-Loges (Loiret), Curciacum, 307.
Courneuve [la] (Seine), Curia Nova, 361.
Cousturier (Guillelmus, Johannes le), 214.
Coutances (Manche) : Constanciensis ballivia, 95 ; ballivus, 131.
Creatio episcopi Agatensis, 15.
Creditores marinariorum, 87.
Crementum vadiorum, 170.
Crepicordium, Crèvecœur, 361.

Créteil (Seine), Christolium, 434.
Crèvecœur (Seine, comm. de la Courneuve), Crepicordium, 361.
Crispini (Baldus, Robertus) de Atrebato, 339.
Crispinus (S.) Major Suessionensis, S.-Crépin-le-Grand, à Soissons, 53.
Croissy (S.-et-O.), Croissiacum, 358.
[Cros (Adema.us de)] episcopus Claromontensis, 32.
Croyaco (Symon de), 447.
Curciacum, Courcy-aux-Loges, 307.
Curia Nova, la Courneuve, 361.— Curie magistri, 92; curie redditus equus, 210.
Custos Lauduni : Renerus de la Bele, 39.
Dammartin-en-Goële (S.-et-M.), Domnus Martinus, 424, 433. — De Domno Martino (Johannes), 120.
Dancy (S.-et-M., comm. de Trilport), Danciacum, 428.
Daniel Clericus, 100, 106.
Darenciacum, Drancy, 356.
Debita, 10, 12, 17, 31, 44, 45, 48, 70.
Decanus et capitulum Suessionenses, 114.
December, voy. Nativitas.
Decima, 16, 24, 43, 76-78, 80-82, 210.
Decimarii (Johannes), 166.
Deffectus, 46, 86.
Defuncti : Johannes de Aquis, 22, 70 ; Johannes de Caprosia, 164 ; Margarita regina, 106 ; Rogerus de Medunta, 10. — Missa de defun. tis, 138. — Cf. Mortui.
Dei domus 141; filie, 222. — Ami Diu (Juliana), 105.
Denarii capti, 89, 90, 206; levati, 65; recepti, 118; recuperati, 87; redditi, 206, 216; soluti, 209; traditi, 36-38, 120, 188, 197, 228, 238-240, 252, 254, 259. — Denariorum camera, 37, 233; vectura, 256. — Denarius libre, de libra, 21. 115.
Deposito (denarii in), 206.
Desiderii (Mons), Montdidier, 206, 278, 343, 446.
Dicta Ami Diu (Juliana), 105 ; Faceta (Aelis), de Laudano, 40.
Dictus Bone Gayne, Lombardus, 331 ; Vidaume, 328, 329.
Diem (per) : 6 d., 170 ; 1 s., 170; 1 s. 6 d., 170, 173; 2 s., 170, 172; 3 s., 167, 170; 4 s., 247, 248; 4 s. 6 d., 169; 5 s., 164; 6 s., 168, 177-179; 8 s. 10 d., 171; 10 s., 168; 16 s., 174, 175; 1 l. 5 s., 247; 3 l., 247.
Diocesis Claromontensis, 82 ; Lexoviensis, 85 ; Noviomensis, 43; Rothomagensis, 84.
Dionisius (S.), S.-Denis-sur-Seine, 362 : dominium abbatis S. Dionisii, 368; ecclesia S. Dionisii, 147. — Capella versus S. Dionisium, la Chapelle-Saint-Denis, 407, cf. 360. — De S. Dionisio (Johannes), senescallus Pictavensis, 118, 120.
Dionisius de Valenc., 155.
Diu (Juliana Ami), 105.
Dixmont (Yonne), Dymons, 296.
Dol-de-Bretagne (Ille-et-Vilaine) : Dolensis episcopus [Theobaldus de Pouancé], 34, 208, 221.
Dolia vini, 64.
Dollot (Yonne), Dooletum, 292.
Domina Lucia de Gibelet, 186 ; Ysabella uxor Petri domini Chambleii, 460.
Domine Rancie (Mesnilium), le Ménil-Amelot, 405.
Dominica post S. Albinum [4 mars

1296], 203; ante Magdalenam [15 juillet 1296], 204.
Dominium abbatis S. Dionisii, 368.
Dominus Adam de Cardineto, 36; Chambleii, Petrus, 71, 460; Evrardus Porion, 28; Galterus canonicus capelle regis, 202-205; Galterus de Capella, 38, 251; Guido, comes S. Pauli, buticularius Francie, 247; Hugo episcopus de Bethleem, 159; Johannes de Atrebato, 213, 214; Johannes de Chintrellis, 216; Johannes de S. Dionisio, senescallus Pictavensis, 118, 120; Johannes de Falvi, 158; Johannes de Helly, 37; Ludovicus frater regis, 225; Ludovicus primogenitus regis, 13; Nicholaus, episcopus Ebroicensis, 117; Odo capellanus Vicennarum, 139; P. Grignart, 253; Petrus de Chambli, 45; Philippus capellanus episcopi Dolensis, 208; Radulphus de Brulhi, de Brulheyo, 11, 190; Robertus de Freauvilla, 199; Robertus Regis, 241, 242; Robertus, cambellanus de Tanquarvilla, 458; de Salis, Amelius de Villari, 113; Stephanus de Monte S. Johannis, 143; Symon de Baillolio, 177; de Viermes, Petrus de Chambleio, 148.
Domnus Martinus, Dammartin-en-Goële, 424, 433.—De Domno Martino (Johannes), 120.
Domuncul., Maisoncelles (?), 438.
Domus Dei Parisiensis, 141; Egidii de Aureliano, 217.
Donatus de Vellut de Florencia, 111.
Donnardus de Royon, 83.
Dooletum, Dollot, 293.
Dordanum, Dourdan, 57.

Dotalicium regine Margarite, 106.
Doullens (Somme), Dullendium, 285.
Dourdan (S.-et-O.), Dordanum, 57.
Drancy (Seine), Darenciacum, 356.
Dreux (Eure-et-Loir) : Drocensis comes [Johannes], 71.
Du, v. Le.
Ducis (Johannes), 190, 211, 212.
Dugny (Seine), Dugniacum, 381.
Dulchius Manier, 323.
Dullendium, Doullens, 285.
Durfort (Tarn-et-Garonne), v. S.-Paul-de-Brugues.
Dyan (Alpicius), 328.
Dymons, Dixmont, 296.
Eblandi, Erblandi (Balneoli S.), Bagneux, 346, 369.
Ebroicensis, d'Évreux, 117.
Ecclesia S. Dionisii, 147; Laudunensis, 40; B. Marie de Chambleio, 152. — Persone ecclesie, 24, 84, 85. — Acquisita per ecclesias, 20.
Ecclesiastice persone, 80.
Egidius Apelot de Giemo, 209; de Aureliano, 217; Cassine, 103, 450; de Lauduno, 206, 343; Rigot, 362; Ruphi de Sulhi capellanus, 120. — SS. Lupus et Egidius, S.-Leu-et-S.-Gilles (Paris), 387. — Cf. Giletus.
Electio Cameracensis, 236.
Elemosina, 64.
Eligius (S.) Noviomensis, S.-Éloi, à Noyon, 206.
Emenda, 23, 40, 111.
Emptio terre, 25, 114.
Épiais-lez-Louvres (S.-et-O.), Espiers, 363.
Episcopus Agatensis [Raimundus], 15; de Bethleem, dominus Hugo, 159; Claromontensis [Ademarus de Cros], 32; Dolensis

[Theobaldus de Pouancé], 34, 208, 221; Ebroicensis, dominus Nicholaus, 117; Vincestrie [Johannes de Pontisera], 35.
Épouville (Seine - Inférieure). — D'Espovilla (Guillelmus), 94, 341, 348, 454.
Equi, 46, 171, 210, 256.
Erblandi, Eblandi (Balneoli S.), Bagneux, 346, 369.
Ermonovilla, Arnouville-lez-Gonesse, 381.
Erneval (Guillelmus d'), 459.
Erqueto (Guillelmus de), 51.
Errorem (per) venditi bosci, 192.
Escarche (Bindus), 324.
Espagne, v. Aragon, Navarre.
Espiers, Épiais-lez-Louvres, 363.
Espovilla, Epouville (Guillelmus d'), 94, 341, 348, 454.
Essonnes (S.-et-O.), Ayssona, 417.
Étampes (S.-et-O.) : granarium de Stampis, 58.
Étang-la-Ville [l'] (S.-et-O.), Stagnum subtus Marliacum Castrum, 401.
Eure, v. Évreux, Gisors, Harcourt, Verneuil-sur-Avre, Vernon.
Eure [l'] (Seine-Inf.), v. Leure.
Eure-et-Loir, v. Chartres, Dreux, Janville.
Evra, Yèvre-le-Châtel, 311.
Evrardus Porion, 28.
Évreux (Eure) : episcopus Ebroicensis, dominus Nicholaus, 117.
Excambium, 71.
Executio, executores, 65, 70, 253.
Exempti (non), 82.
Exercitus, 120.
Expense, 18, 87, 133-260, 457-460.
Expulsio Judeorum, 120.
Faber : Stephanus, 182.
Faceta (Aelis) de Lauduno, 40.
Falvi (Johannes de), 158.
Familia Gileti Rougel, 171.

Faremoutiers (S.-et-M.), Phauresmouster in Bria, 441.
Faschius Lombardus, 72.
Faubourg-S.-Germain [le] (Paris), villa S. Germani de Pratis, 408.
Fayte (Stephanus de Bien), 145, 168.
Februarius, v. Candelosa.
Feoda, 30, 137, 143, 145, 155, 457.
Feritas, la Frette, 368 ; Alesie, la Ferté-Alais, 143 ; Ancoul, la Ferté-sous-Jouarre, 410, 411.
Ferrandi (Mons), Montferrand, 75.
Ferrières-en-Brie (S.-et-M.), Ferrerie juxta Latiniacum super Maternam, 406.
Ferrières-Gâtinais (Loiret), Ferrerie, 77.
Ferté-Alais [la] (S.-et-O.), Feritas Alesie, 143.
Ferté-sous-Jouarre [la] (S.-et-M.), Feritas Ancoul, 410, 411.
Ficta (Petra), Pierrefitte - sur- Seine, 383.
Fidelitatis recognitio, 15.
Filie Dei Parisienses, 222.
Filii Aelidis Facete de Lauduno, Albericus, Johannes, 40 ; Gauffridi de Perona, Furseus, 13, 154, 170 ; Guillelmi le Cousturier, Johannes, 214 ; Odardi Rebracye, Jehenotus de Vallibus, 192; regis, Ludovicus, 13.
Financia, 20, 25, 26, 28, 29, 51.
Finatio, 16, 93-105, 111, 120.
Flagy (S.-et-M.), Flagiacum, 294.
Flammingi (Guillelmus), 36, 37, 72, 74 ; (Rencrus), 72.
Flandre (la), Flandria, 234.
Florence (Italie). — De Florencia (Donatus de Vellut), 111; (Renerus de Passu), 329. — Societas Bardorum, 323 ; Cerdorum Alborum, 324 ; Cerdorum Nigrorum, 325 ; Mozorum, 326 ; Spine, 335.

Florencius de Roya, 109.
Focagium, 120.
Folet (P.), 110.
Fonds-de-S.-Léger [les] (S.-et-O., comm. de S.-Germain-en-Laye), S. Leodegarius in Laya, 393.
Fons (Bellus), Bellefontaine, 354; (Petra), Pierrefonds, 60, 274.
Fontainebleau (S.-et-M.), Fonsbliaudi, 13.
Fontenay-sous-Bois (Seine), Fontanetum versus Vicennas, 426.
Forefacte monete, 42.
Forefactura, 112.
Forest (Johannes de), 248.
Forte (Castrum), Châteanfort, 264.
Fortis (Mons), 155. — De Monte Forti (Laurencius), 234.
Fossa Maura, Fosse-More, 291.
Fossata, S.-Maur-les-Fossés, 423, 425.
Fosse-More (Yonne, comm. de Theil-sur-Vannes; cf. Quantin, *Dict. top. du dép. de l'Yonne*, 55), Fossa Maura, 291.
Fosses (S.-et-O.), Fosse, 354.
Fourqueux (S.-et-O.), Fourqueus, 401.
Foyson (Robertus), 228.
Française [la] (Tarn-et-Garonne), v. Camparnaud.
France (la) : Francie regnum, 80-82, 84, 85 ; buticularius, Guido, comes S. Pauli, 247. — V. Rex, Regina ; — Auvergne, Bourgogne, Bretagne, Champagne, Flandre, Maine, Orléanais, Poitou, Quercy, Vermandois; — Aisne, Aube, Aude, Calvados, Cher, Eure, Eure-et-Loir, Gard, Garonne (Haute-), Hérault, Ille-et-Vilaine, Indre-et-Loire, Loiret, Manche, Marne, Marne (Haute), Nièvre, Oise, Orne, Pas-de-Calais, Puy-de-Dôme, Saône-et-Loire, Seine, Seine-et-Marne, Seine-et-Oise, Seine-Inférieure, Somme, Tarn-et-Garonne, Vienne, Vienne (Haute-), Yonne.
Franconville-la-Garenne (S.-et-O.), Francovilla, 368.
Frater Henrricus, abbas Joyaci, thesaurarius, 232, 260; Petrus de Paredo, prior de Chesa, 227; regis, Ludovicus, 225. — Fratres : Henrricus et Jeronimus de Lacu, 74 ; Robertus et Baldus Crispini de Atrebato, 339; Stephanus et Egidius Apelot de Giemo, 209.
Fraxini juxta Burgum Regine, Fresnes-lez-Rungis, 366.
Fréauville (Seine-Inférieure). — De Freauvilla (Robertus), 199.
Fresnes-lez-Rungis (Seine), Fraxini juxta Burgum Regine, 366.
Frette [la] (S.-et-O.), Feritas, 368.
Froidmont (Oise, comm. de Bailleul-sur-Thérain) : monachi de Frigido Monte, 255.
Fructum (platelli ad), 191.
Furno (Johannes de), 94.
Furseus de Perona, filius Gauffridi, piscator, 13, 154, 170.
Fuscianus (S.) in Bosco, S.-Fuscien, 30.
Gabriel Judeus de Carnoto, 107.
Galearum stipendiarii, 124.
Galteri (Johannes), 181.
Galterus canonicus capelle regis, 202-205 ; de Capella, 38, 251 ; Loth, 337, cf. 349.
Galtherus Loth, 349, cf. Galterus.
Gandehart (Johannes), 104.
Gard, v. Beaucaire, Sommières.
Garges (S.-et-O.), Gargie, 381.
Garnisiones, 14, 61-64, 91, 250, 255, 259.
Garonne (Haute-), v. Toulouse.
Gauchi (Henrricus, Herricus de), 43, 342, 349.

Gauffridus, Gaufridus Cocatriz, 61-64, 250; de Perona, 153, 154; de Templo, 175.
Gayne (Bone), 331.
Genciani (Petrus), 55.
Gênes (Italie). — De Janua (Lanfrancus Tartarus), 156.
Genovefa (S.) Parisiensis, Sainte-Geneviève, à Paris, 76, 77.
Gentes regis, 192.
Georgii (Villa Nova S.), Villeneuve-S.-Georges, 444.
Gerciacum, Jarcy, 136.
Germanus (S.) de Pratis, S.-Germain-des-Prés, 16; villa S. Germani de Pratis, le Faubourg-S.-Germain, 408. — S. Germanus in Laya, S.-Germain-en-Laye, 149, 398.
Germigny - l'Évêque (S.-et-M.), Germiniacum, 427.
Gibelet (Lucia de), 186.
Gien (Loiret). — De Giemo (Stephanus et Egidius Apelot), 209.
Giletus Rougel, 171. — Cf. Egidius.
Gilibertus, 181; Boyvin, 446.
Girardus barillarius, 235; Capon., 330; Chauchat, 81-83, 118, 455; de Marla, 195.
Giresmo (Renaudus de), 197, 245, 246.
Gisors (Eure), Gisorcium, 132: ballivia, 348, 454; receptor, Guillelmus d'Espovilla, 94, 341, 348, 454. — De Gisorcio (Guillelmus), 226.
Gobertus Sarraceni de Lauduno, 321, 446.
Godin (Thomas), 50.
Gonesse (S.-et-O.), Gonessa, 263, 367.
Gouvernes (S.-et-M.), Caverne versus Latiniacum, 21.
Granaria, 55-59.
Granchie, Grange-le-Bocage, 289.

Grande-Bretagne, v. les Anglais, Winchester.
Grange-le-Bocage (Yonne), Granchie, 289.
Grant (Ceaus le), Sceaux, 422.
Grasville-Sainte-Honorine (Seine-Inférieure), v. Leure.
Grés (S.-et-M.), Gressium, 300.
Grignart (P.), 253.
Grignon (Seine, communes de Thiais et Orly), 395.
Guarinus de Carreriis, 52.
Gueldre (Pays-Bas) : Guellensis comes [Renaudus], 119.
Guiardus de Herbovilla, 31.
Guido Cavassole, 330; de Nogento in Bassigneyo, 193, 194 ; comes S. Pauli, buticularius Francie, 247; de Torne Mare, 75.
Guillelmus attiliator, 184; aurifaber, 17, 191; le Cousturier, 214; d'Erneval, 459; de Erqueto, 51; d'Espovilla, 94, 341, 348, 454; Flammingi, 36, 37, 72, 74 ; de Gisorcio, 226; de Hangest senior, 35; de Hangesto junior, 130, 220; de Haricuria, 146; de Lavercines, 210; Milliaci cantor, 197, 244, 246; Otran, 200, 201; Perrerius, 105; Petri Becucii, 112; de Ripperia, 237-239; de Ruella, 340; Thiboudi, 115; Vassal, 84; de S. Vincencio, 228-231, 327, 445.
Guisnes-en-Calaisis (Pas-de-Calais) : terra Guisnensis, 4.
Halot (Adam), 90, 129, 336.
Hanapier (Johannes le), 95, 347, 453.
Hanemont, Hennemont, 393.
Hangest, Hangesto (Guillelmus de), senior, 35; junior, 130, 220.
Haquinus de Manlia, 31.
Harcourt (Eure). — De Haricuria (Guillelmus), 146.

Harfleur (Seine-Inférieure), Harefleu, 88, 91.
Haricuria, Harcourt (Guillelmus de), 146.
Haubervillare, Aubervilliers, 360.
Haudri (Stephanus), 233.
Havre [le] (Seine-Inf.), v. Leure.
Hay [l'] (Seine), Laiacum, 375.
Helly (Johannes de), 37.
Hennemont (S.-et-O., comm. de S.-Germain-en-Laye), Hanemont, 393.
Henrricus, Herricus de Gauchi, 43, 342, 349; abbas Joyaci, thesaurarius, 232, 260; de Lacu, 74; Liziardi, 446; de Nans, 30; de Vaudernant, 362.
Hérault, v. Agde.
Herbeville (S.-et-O.). — De Herbovilla (Guiardus), 31.
Heredes Rooniaci, 137, 457-460.
Hereditatem (expensa ad), 136-157.
Hernesia, 27, 64, 256.
Herricus, v. Henrricus.
Heure [l'] (Seine-Inf.), v. Leure.
Hieronymus, v. Jeronimus.
Homines Johannis de Atrebato, 214.
Honfleur (Calvados), Honnefleu, 91.
Honoratus illuminator, 215.
Hospitali (Johannes de), 91, 120.
Hospitium regis, 133.
Hubertus thesaurarius, 163.
Hugo episcopus de Bethleem, 159; de Passu, 338; (Renuchius), 335.
Hyenvilla, Janville, 312. — De Hyenvilla (Johannes), 47.
Iciacum, Ussy, 429.
Ille-et-Vilaine, v. Dol.
Illuminator : Honoratus, 215.
Incaustum, 258.
Indre-et-Loire, v. Loches, Tours.
Inferior (capella regis), 139.

Inqueste, 190, 211.
Inquisitores, 228, 238.
Issy-sur-Seine (Seine), Yssiacum, 408.
Italie, v. Lombardus, Florence, Gênes, Pistoia, Plaisance, Rome, Vintimille.
Iverny (S.-et-M.), Yverniacum, 409.
Ivry-sur-Seine (Seine), Yvriacum, 395.
Jablines (S.-et-M.), 400.
Jacobus Louchart de Atrebato, Attrebato, 65, 249, 253, 256; de Luceto, 178; Mayngot, 66, 448.
Jagny (S.-et-O.), Jaygniacum, 376.
Janua, Gênes (Lanfrancus Tartarus de), 156.
Janville (Eure-et-Loir), Hyenvilla, 312. — De Hyenvilla (Johannes), 47.
Jarcy (S.-et-O., comm. de Varennes) : abbatissa Gerciaci, 136.
Jassignioc, Jossigny, 378.
Jaune (Lisiardus le), 28.
Jaygniacum, Jaguy, 376.
Jehenotus de Vallibus filius Odardi Rebracye de Ponte S. Maxencie, 192.
Jeronimus de Lacu, 74.
Jocetus de Pontisera, 98, 99; de Pruvino, 102.
[Johanna] regina, 134.
Johannes Accurrii, 48; Aelidis Facete de Lauduno filius, 40; de Aquis, 22, 70; Arrode, 252; de Atrebato, 213, 214; Aurelianensis archidiaconus, 240; de Bovilla, 168; Britonis, 169; Butin, 172; de Calceya, 170; de Caprosia, 164; de Chambleio, 144; de Chevri, 18; de Chintrellis, 216; Clersens, 65, 176, 188, 249-256; G. le Cousturier filius, 214; Decimarii, 166; de S. Dionisio,

senescallu(?) Pictavensis, 118, 120; de Domno Martino, 120; Drocensis comes, 71; Ducis, 190, 211, 212; de Falvi, 158; de Forest, 248; de Furno, 94; Galteri, 181; Gandehart, 104; le Hanapier, 95, 347, 453; de Helly, 37; de Hospitali, 91, 120; de Hyenvilla, 47; de S. Justo, 44-64; de S. Leonardo, prepositus Parisiensis, 190, 212, 217; de Lillariis, 179, 189; Majoris de Argentolio, 230, 231; de Malla, 224; de Marolio, 362; Minerii, 340; de Mornayo, 22; Nigelle castellanus, 225; Patart, 362; le Paylle de Corbolio, 106; [de Pontisera] episcopus Vincestrie, 35; Richomme de Cathalano, 322; de Tria, 126; de Vantiduno, 330; Venatoris, 168; de S. Verano, 317; de Villeta, 10; Wuyde Rue de Compendio, 259. — S. Johannes in Vineis Suessionensis, S.-Jean-des-Vignes, à Soissons, 26. — Stephanus de Monte S. Johannis, 143. — Nativitas B. Johannis, 190, 316, 350.

Jonte (Oubertus), 325.

Jossigny (S.-et-M.), Jassignioc, 378.

Jouy-l'Abbaye (S.-et-M., comm. de Chenoise) : abbas Joyaci, Henrricus, thesaurarius, 232, 260.

Jouy-sur-Morin (S.-et-M.), Joyacum super Morayn, 440.

Judei : Donnardus de Royon, 83; Gabriel de Carnoto, 107; Haquinus de Manlia, 31; Jocetus de Pontisera, 98, 99; ? Jocetus de Pruvino, 102; ? Juliana Ami Diu, 105; Kalotus, 105; ? Salomo de Blangi, 99; Vietus d'Aupegart, 97, 105; Vivandus de Royon, 83; ? Vivandus de Trecis, 102. — Judei dotalicii regine Margarite, 106.—Judeorum expulsio, 120; finatio, 93-105; rotelle, 216; tallia, 83.

Judicium, 31.

Judocus Roart, 170.

Juilly (S.-et-M.), Juliacum, 413.

Juliana Ami Diu, 105.

Julius, 164, 202, 318, 319, 343, 344, 347, 379-408, 445-447, 449, 451-454; v. Dominica.

Junior (Guillelmus de Hangesto), ballivus Cadomensis, 130, 220; (Renaudus Barbou), 107, 452; cf. Ballivus Rothomagensis.

Junius, 316, 317, 342, 350-378, 446; v. Mercurii, Nativitas.

Justicia alta, 113; bassa, 108.

Justo (Johannes de S.), 44-64.

Kala, Chelles (Oise), 114; (S.-et-M.), 435.

Kalotus Judeus, 105.

La, v. Le.

Lacu (Henrr. et Jeron. de), 74.

Lagny (S.-et-M.), Latiniacum super Maternam, 21, 406.

Laiacum, l'Hay, 375.

Lancelotus d'Angoyssole, 330.

Lane, 41, 110.

Lanfrancus Tartarus de Janua, 156.

Laon (Aisne), Laudunum, 39, 276, 446 : Laudunensis ecclesia, 40; custos, Renerus de la Bele, 39. — De Lauduno (Ada Wagnon), 23; (Aelis dicta Faceta) et Albericus et Johannes filii ejus, 40; (Egidius), 206, 343; (Gobertus Sarraceni), 321, 446.

Laorcene, Lourcine, 359.

Lappus Piti, de societate Mozorum de Florencia, 326; de societate Scale, 334.

Latiniacum super Maternam, Lagny, 21, 406.

Laudunensis, Laudunum, v. Laon.
Laurencius de Monte Forti, 234.
Laversine (Aisne ou Oise ?). — De Lavercines (Guillelmus), 210.
Laye [la forêt de] (S.-et-O.). — In Laya : S. Germanus, S.-Germain-en-Laye, 149, 398; S. Leodegarius, les Fonds-de-S.-Léger, 393.
Lazari (Villeta S.), la Villette (Paris), 402.
Le Cousturier (Guillelmus, Johannes), 214; le Hanapier (Johannes), 95, 347, 453; le Jaune (Lisiardus), 28; le Mastin (Philippus), 199; le Paylle de Corbolio (Johannes), 106; le Sec (Leonardus), 30, 33; le Vache (Petrus), 257. — Li Aasiez (Stephanus), 161. — Du Cavech (Renaudus), 21, 42, 97, 316, 342, 446. — La Bele (Renerus de), 39; la Reue (Petrus), 73, 124.
Legata, 79.
Lemovicenses, de Limoges : mercatores, 50.
Lemovicis, Limoges (Stephanus de), 49.
Leodegarius (S.), S.-Léger-de-Gassenville, 383; in Laya, les Fonds-de-S.-Léger, 393.
Leonardo (Johannes de S.), prepositus Parisiensis, 190, 212, 217.
Leonardus le Sec, 30, 33.
Letherici (Mons), Montlhéry, 262.
Leure, l'Eure ou l'Heure (Seine-Inférieure, communes de Grasville-Sainte-Honorine et du Havre), Leura, 87.
Lexoviensis, de Lisieux, 85.
L'Hay (Seine), v. Hay.
Li, v. Le.
Liberi regis, 135.
Libre, de libra (denarius), 21, 115.
Libri illuminati, 215. — Breviarium, 203.

Ligerim (Magdunum super), Meung-sur-Loire, 232.
Lillers (Pas-de-Calais). — De Lillariis (Johannes), 179, 189.
Limeil-Brévannes (S.-et-O.), Limolium, 430.
Limoges (Haute-Vienne) : Lemovicenses mercatores, 50. — De Lemovicis (Stephanus), 49.
Limolium, Limeil-Brévannes, 430.
Lisiardus le Jaune, 28.
Lisieux (Calvados) : Lexoviensis diocesis, 85.
Lissiacum, Lixy, 292.
Littere, 208, 253, 258.
Lixy (Yonne), Lissiacum, 292.
Liziardi (Herricus), 446.
Loches (Indre-et-Loire) : feodum Locharum, 137, 457-460.
Loire (la). — Magdunum super Ligerim, Meung-sur-Loire, 232.
Loiret, v. Boiscommun, Bourgneuf, Cepoy, Châteauneuf-sur-Loire, Courcy-aux-Loges, Ferrières-Gâtinais, Gien, Lorris, Meung-sur-Loire, Montargis, Neuville-aux-Bois, Orléans, Vitry-aux-Loges, Yèvre-le-Châtel.
Lombardus (Bone Gayne), 331; (Faschius), 72; (Petrus), receptor Bituricensis, 24, 96, 118, 197, 213, 214, 244-246, 345, 451. — V. Italie.
Longperrier (S.-et-M.), Longus Pirus, 384.
Lorrez-le-Bocage (S.-et-M.), Loretum in Boscagio, 295.
Lorris (Loiret), Lorriacum, 315.
Loth (Galterus, Galtherus), 337, 349.
Lotrarius : Colinus, 173.
Louchart (Jacobus) de Atrebato, Attrebato, 65, 249, 253, 256.
Lourcine (Paris), Laorcene, 359.
Loury (Loiret), v. Bourgneuf.

Louveciennes (S.-et-O.), Lupicene, 352.
Louvre [le] (Paris), Lupara, 37, 181, 182, 205, 258, p. 21.
Luceto (Jacobus de), 178.
Lucia de Gibelet, 186.
Ludovicus frater regis, 225; primogenitus regis, 13.
Lune dies in crastino S. Martini hyemalis [12 nov. 1296], 247.
Lupara, le Louvre, 37, 181-183, 205, 258, p. 21.
Luparii : Giletus Rougel, 171; Johannes Butin, 172.
Lupelli, 187.
Lupi (Cantus), Chanteloup, 21.
Lupicene, Louveciennes, 352.
Lupus et Egidius (SS.), S.-Leu-et-S.-Gilles (Paris), 387.
Lursinade [S.-Amans-de-] (Tarn-et-Garonne, comm. de Moissac)? Ancinade, 108.
Luzarches (S.-et-O.), Lusarchie, 397.
Maaleyum, Malay-le-Roi, 291.
Maceyum in ballivia Bituricensi, Massay, 214.
Maciacum, Massy, 379.
Mâcon (Saône-et-Loire), Matis[c]onum, 75 : Ballivus Masticonensis, Johannes de Chintrellis, 216.
Magdalena [22 juillet], 204.
Magdunum super Ligerim, Meung-sur-Loire, 232.
Magister Baldoinus Alani, 200; Gauffridus de Templo, 175; Guido de Nogento in Bassigneyo, 193, 194; Guillelmus aurifaber, 17, 191; Guillelmus de Erqueto, 51 ; Guillelmus de Gisorcio, 226; Guillelmus de Lavercines, 210; Guillelmus Milliaci cantor, 197, 244, 246; Guillelmus Vassal, 84; Henrricus, Herricus de Gauchi, 43, 342, 349; Johannes Aurelianensis archidiaconus, 240; Johannes de Chevri, 18; Johannes Clersens, 65, 176, 188, 249-256 ; Johannes de Domno Martino, 120; Johannes Ducis, 190, 211, 212; Johannes de Forest, 248 ; Johannes de S. Justo, 44-64; Laurencius de Monte Forti, 234 ; Michael de Codreyo, 198; Petrus de Bello Monte, 243; Petrus de Cirilli, 12-14; Petrus de Condeto, 174 ; Petrus la Reue, 73, 124 ; Philippus Conversus, 115 ; Philippus le Mastin, 199 ; Radulphus de Mellento, 239; Renaudus de Giresmo, 197, 245, 246; Robertus Foyson, 228 ; Robertus de Pontisera, 254 ; Rogerus de Medunta, 10 ; Sancius, 180 ; Stephanus li Aasiez, 161 ; Stephanus de Lemovicis, 49; Stephanus de Susi archidiaconus Brugonsis, 236; Symon Boel, 229, 231. — Magister capelle regis Parisius, 207 ; nundinarum Campanie, Florencius de Roya, 109 ; puerorum capelle regis, 223. — Magistri curie, 92; monetarum, Betinus Caucinelli, Johannes Decimarii, 166, cf. 72 ; partes apud magistros, 337, 349.
Maine (le), Cenomania, 116.
Maisoncelles (S.-et-M., canton de Coulommiers)? Domuncul.,438.
Maius, v. Ascensio, Penthecoste.
Major Pictavensis, 120 ; Rothomagi, 52. — Major (S. Crispinus) Suessionensis, S. Crépin-le-Grand, à Soissons, 53.
Majoris (Johannes) de Argentolio, 230, 231.
Malay-le-Roi ou le-Petit (Yonne), Maaleyum, 291.
Malla, Marle? (Johannes de), 224.

Malliacum la Vile, Marly-la-Ville, 386.
Malum Regardum, Mauregard, 437.
Manche, v. Coutances.
Mandatum regis, 209.
Manier (Dulchius), 323.
Manlia, Maule-sur-Maudre (Haquinus de), 31.
Mantes-sur-Seine (S.-et-O.). — De Medonta, Medunta (Nicholaus), 362 ; (Petrus), 72 ; (Radulphus), 44 ; (Rogerus), 10.
Marcellus (S.), S.-Marcel (Paris), 359.
Marcha argenti, 15.
Marchesiis (Symon de), 228.
Marci (Martinus), 75.
Mare (Guido de Torne), 75.
Mareil-Marly (S.-et-O.), Marolium, 401. — ? De Marolio (Johannes), 362.
Margarita, defuncta regina, 106.
Maria (B.), Notre-Dame : Ambianensis, 30 ; de Chambleio, 152 ; Suessionensis, 54. — B. Marie Assumptio [15 août], 190.
Marinarii, 87, 91, 92 ; cf. 124.
Marle (Aisne). — De Marla (Girardus), 195. — Cf. Malla.
Marly-la-Ville (S.-et-O.), Malliacum la Vile, 386.
Marly-le-Roi (S.-et-O.), Marliacum Castrum, 420. — Stagnum subtus Marliacum Castrum, l'Étang-la-Ville, 401.
Marne, v. Châlons-sur-Marne, Reims, Vitry-en-Perthois.
Marne (la). — Latiniacum super Maternam, Lagny, 21, 406.
Marne (Haute-), v. Andelot, Chaumont-en-Bassigny, Nogent-Haute-Marne.
Marolio (Johannes de), 362.
Marolium, Mareil-Marly, 401.
Martinus Marci, 75 ; Pethiot, 259.

— Domnus Martinus, Dammartin-en-Goële, 120, 424, 433. — S. Martinus hyemalis [11 nov.], 247.
Martirum (Mons), Montmartre, 402.
Martius, v. Dominica, Pascha.
Massay (Cher), Maceyum in ballivia Bituricensi, 214.
Massy (S.-et-O.), Maciacum, 379.
Masticonensis, de Mâcon, 216.
Mastin (Philippus le), 199.
Maternam (Latiniacum super), Lagny, 21, 406.
Matis[c]onum, Mâcon, 75.
Maule-sur-Maudre (S.-et-O.). — De Manlia (Haquinus), 31.
Maura (Fossa), Fosse-More, 291 ; (Vallis), Vaumort, 291.
Mauregard (S.-et-M.), Malum Regardum, 437.
Maxencie (Pons S.), Pont-Sainte-Maxence, 192, 271.
Maximus (S.), S.-Mesmes, 414.
Mayngot (Jacobus), 66, 448.
Meaux (S.-et-M.), Meldis, 436.
Medardus (S.) Suessionensis, S.-Médard, à Soissons, 25.
Medicus (Symon), 116.
Medietate (pro), 138-141, 147, 148, 152, 157, 159, 161, 162, 171, 172, 186, 318.
Medonta, Medunta (de), Mantes-sur-Seine : Nicholaus, 362 ; Petrus, 72 ; Radulphus, 44 ; Rogerus, 10.
Meldis, Meaux, 436.
Meledunum, Melun, 55, 257, 301.
Melet (Petrus de), 118, 120, 456.
Mellentum, Meulan. — De Mellento (Radulphus), 239.
Melun (S.-et-M.), Meledunum, 55, 257, 301.
Ménil-Amelot [le] (S.-et-M.), Mesnilium Domine Rancie. 405.
Mensuratores boscorum, 169.

Mercatores Lemovicenses, 50.
Mercurii dies post Nativitatem B. Johannis [27 juin 1296], 190.
Merlini (Arnulphus), 234.
Mesnil-Aubry [le] (S.-et-O.), Mesnilium Alberici, 404.
Mesnil-le-Roi [le] (S.-et-O.), Mesnilium, 403.
Mesnilium Domine Rancie, le Ménil-Amelot, 405.
Messilles (Stephanus de), 209.
Meudon (S.-et-O.), 350.
Meulan (S.-et-O.). — De Mellento (Radulphus), 239.
Meung-sur-Loire (Loiret), Magdunum super Ligerim, 232.
Michael de Codreyo, 198; de Navarra, 41. — S. Michael [MCC]XCVI⁰ [29 sept.], 128-132, 248. — Altare S. Michaelis in ecclesia de Chambleio, 152.
Milites : Amelius de Villari, 113; Antelinus de Varignies, 225; Guillelmus de Haricuria, 146; Guillelmus de Ripperia, 237-239; Johannes de Bovilla, 168; Johannes de Chambleio, 144; Johannes Nigelle castellanus, 225; Johannes de Villeta, 10; Nicholaus de Peracio, 160; Petrus de Chambleio, dominus de Viermes, 148; Petrus dominus Chambleii, 71, 460; Stephanus de Bien Fayte, 145, 168; Symon de Marchesiis, 228.
Millan (Villa), Villemilan, 366.
Milly (S.-et-O.) : Milliaci cantor, Guillelmus, 197, 244, 246.
Mina avene, 59.
Minerii (Johannes), 340.
Minuta, 258.
Misie, 182, 183, 191.
Missa de defunctis, 138.
Mitry (S.-et-M., comm. de Mitry-Mory), Mitriacum, 439.
Modii, 55, 57-59, 61-63.

Moissac (Tarn-et-Garonne), v. S.-Amans-de-Lursinade.
Monachi, 142, 255.
Monciacum Novum, Moussy-le-Neuf, 382; Vetus, Moussy-le-Vieux, 384.
Moneta, monete, monetagium, 42, 72-75, 88, 166, 167.
Mons Argi, Montargis, 184, 313; (Bellus), Beaumont-sur-Oise, 243, 270; (Calvus), Chaumont-en-Bassigny, 121; (Calvus), Chaumont-en-Vexin, 268; Desiderii, Montdidier, 206, 278, 343, 446; Ferrandi, Montferrand, 75; Fortis, 155, 234; (Frigidus), Froidmont, 255; S. Johannis, 143; Letherici, Montlhéry, 262; Martirum, Montmartre, 402; (Regalis), Royaumont, 142.
Monsterolium, Montreuil-sur-Mer, 286; Bonin, Montreuil-Bonnin, 75.
Montargis (Loiret), Mons Argi, 184, 313.
Montdidier (Somme), Mons Desiderii, 278, 343, 446 : prepositus, Egidius de Lauduno, 206, 343.
Monte Forti (Laurencius de), 234.
Monte S. Johannis (Stephanus de), 143.
Montevrain (S.-et-M.), Montevrayn, 21.
Montferrand (Puy-de-Dôme, comm. de Clermont-Ferrand), Mons Ferrandi, 75.
Montgé (S.-et-M.), Montigyer, 415.
Montigny-lez-Cormeilles (S.-et-O.), Montiniacum, 368.
Montigyer, Montgé, 415.
Montiniacum, Montigny-lez-Cormeilles, 368.
Montlhéry (S.-et-O.), Mons Letherici, 262.

Montmartre (Paris), Mons Martirum, 402.
Montreuil-Bonnin (Vienne), Monsterolium Bonin, 75.
Montreuil-sur-Mer (Pas-de-Calais), Monsterolium, 286.
Morayn (Joyacum super), Jouy-sur-Morin, 440 ; (Villare super), Villiers-sur-Morin, 443.
Moret-sur-Loing (S.-et-M.), Moretum, 13, 298.
Morin (le), v. Morayn.
Mornayo (Johannes de), 22.
Mortui equi, 210, 256. — Cf. Defuncti.
Mory (S.-et-M., comm. de Mitry-Mory), Moyriacum, 439.
Mouschetus, 89, 337, 349. — Cf. Bichius.
Moussy-le-Neuf (S.-et-M.), Monciacum Novum, 382.
Moussy-le-Vieux (S.-et-M.), Monciacum Vetus, 384.
Moyriacum, Mory, 439.
Mozi de Florencia, 326.
Mureaux [les] (Paris, près N.-D.-des-Champs; cf. Guérard, Cartulaire de l'église N.-D. de Paris, IV, 402), Murelli, 359.
Mutua, 16, 67, 214, 221, 222, 232, 249, 316-341.
Nans (Henrricus de), 30.
Nantolhetum, Nantouillet, 416.
Nantonis (Castrum), Château-Landon, 303.
Nantouillet (S.-et-M.), Nantolhetum, 416.
Nativitas [MCC]XCV° [25 déc.], 237 ; B. Johannis [24 juin], 190, 316, 350.
Navarre.--De Navarra (Michael), 41.
Naves, navigium, 33, 41, 89, 90, 124.
Nealpha (Thomassinus de), 27.
Neccessaria, 207, 223, 256.
Negocium centesime, 201 ; quinquagesime, 197, 229-231, 241-246 ; regis, 212, 220, 227, 232, 254, 258.
Nemours (S.-et-M.), Nemosium, 297.
Nesle (Somme) : Nigella castellanus, Johannes, 225.
Neuville-aux-Bois (Loiret), Novilla, 306.
Nicholaus Caillet, 198 ; episcopus Ebroicensis, 117 ; de Medunta, 362 ; de Peracio, 160.
Nièvre, v. Bethléem.
Nigella, Nesle, 225.
Nigri (Cerdi) de Florencia, 325.
Nivardus, 320.
Nogent-Haute-Marne ou Nogent-le-Roi (Haute-Marne). — De Nogento in Bassigneyo (Guido), 193, 194.
Nomina, 92.
Notre-Dame, B. Maria : Ambianensis, 30 ; de Chambleio, 152 ; Suessionensis, 54.
Nova (Curia), la Courneuve, 361 ; (Villa), v. Villa Nova.
November, 338, 340, 341, 443, 444, 446, 449, 453, 455, 456 ; v. Lune dies, Omnes Sancti.
Novilla, Neuville-aux-Bois, 306.
Noviomensis, de Noyon, 43, 206.
Novum (Castrum), Châteauneuf-sur-Loire, 305 ; (Monciacum), Moussy-le-Neuf, 382. — Novus (Burgus), Bourgneuf, 309.
Noyon (Oise) : Noviomensis diocesis, 43 ; abbacia S. Eligii, 206.
Nuncii missi, 256, 258.
Nundine Campanie, 109.
October, 205, 318, 327, 338-340, 342, 343, 349, 407, 434-442, 445, 446, 450, 454.
Odardus Rebracye de Ponte S. Maxencie, 192 ; Sarraceni, 446.
Odo capellanus Vicennarum, 139.

Officium thesaurarie, 258, 260.
Oise, v. Béthisy-S.-Pierre, Breteuil-sur-Noye, Chambly, Chaumont-en-Vexin, Chelles, Choisy-au-Bac, Compiègne, Froidmont, Laversine, Noyon, Pierrefonds, Pont-Sainte-Maxence, Senlis, Thourotte, Verberie, la Villeneuve-le-Roi.
Oliverus de Vintemille, 112.
Omnes Sancti [1er nov.], 64 : [MCC]XCV°, 119, 121, 123, 203, 206; [MCC]XCVI°, 122, 126, 258, p. 4, 21.
Opera, 202, 205, 251, 258.
Operatorium Lupare, 181-183; Meleduni, 257; Montis Argi, 184.
Ordo Cluniacensis, 81.
Orléanais (l'), partes Aurelianenses, 226.
Orléans (Loiret), Aurelianum, 56, 304 : Aurelianensis archidiaconus, Johannes, 240; ballivia, 6, 103, 123, 450, cf. 304-315. — De Aureliano (Egidius), 217.
Orly (Seine), Orliacum, 371. — V. Grignon.
Ormesson (S.-et-O.), Amboysa, 399.
Orne, v. Alençon.
Otran (Guillelmus), 200, 201.
Oubertus Jonte, 325.
P. Folet, 110; Grignart, 253.
Palaciolum, Palaiseau, 418.
Palafredus, 256. — Cf. Equi.
Palaiseau (S.-et-O.), Palaciolum, 418.
Pallia, 237.
Pantin (Seine), Pentinum, 394.
Paredo (Petrus de), prior de Chesa, 227.
Pargamenum, 258, cf. 207.
Paris (Seine), Parisius, 35, 72, 87, 138, 190, 202, 207, 217, 223, 261, 320, 387 : Parisiensis ballivia, 1, cf. 261-266; congregatio cecorum, 150; domus Dei, 141; filie Dei, 222; prepositura, 100, 261; prepositus, Johannes de S. Leonardo, 190, 212, 217.
— Parisienses, 1-70, 127, 132-460.— V. la Chapelle-S.-Denis, Charonne, Clignancourt, le Faubourg-S.-Germain, Lourcine, le Louvre, Montmartre, les Mureaux, S.-Germain-des-Prés, S.-Leu-et-S.-Gilles, S.-Marcel, la Sainte-Chapelle, Sainte-Geneviève, le Temple, la Villette.
Parrochia Ayssone, 417; Limolii, 430; SS. Lupi et Egidii Parisius, 387; de Meudon, 350; de Montigyer, 415; Pentini, 394; Pissiaci, 403.
Partes, 9, 38, 67-69, 137, 213, 223, 229, 238, 240, 337, 349, 445. — Partes Aurelianenses, 226.
Pascha [MCC]XCVI° [25 mars], 11, 208, 319.
Pas-de-Calais, v. Arras, Artois, Guisnes-en-Calaisis, Lillers, Montreuil-sur-Mer, Royon, S.-Pol-sur-Ternoise.
Passagium lanarum, 110.
Passu (Hugo de), 338; (Renerus de), de Florencia, 329.
Patart (Johannes), 362.
Pater Johannis Accurii, 48; (Petrus de Chambli), 45.
Paulus (S.), S.-Pol-sur-Ternoise, 24. — De S. Paulo in Caturcino, S.-Paul-de-Brugues ? (Peregrinus), 108.
Payen (Symon), 242.
Paylle (Johannes le) de Corbolio, 106.
Pays-Bas, v. Gueldre.
Peccuuia, 256.
Pensio filiarum Dei, 222.
Penthecoste [MCC]XCVI°[13 mai], 237.
Pentinum, Pantin, 394.

Peracio (Nicholaus de), 160.
Percamenum, 207, cf. 258.
Peregrinus de S. Paulo in Caturcino, 108.
Péronne (Somme), Perona, 282.
— De Perona (Furseus), filius Gauffridi, 13, 154, 170 ; (Gauffridus), 153, 154.
Perrerius (Guillelmus), 105.
Persone ecclesie, 24, 84, 85 ; ecclesiastice, 80.
Pethiot (Martinus), 259.
Petit (Ceaus le), Sceaux, 422.
Petra Ficta, Pierrefitte-sur-Seine, 383 ; Fons, Pierrefonds, 60, 274.
Petrucie (societas), 332.
Petrus de Bello Monte, 243 ; de Chambli pater, 45 ; de Chambleio miles, dominus de Viermes, 148 ; dominus Chambleii, 71, 460 ; Chevalier, 196 ; de Cirilli, 12-14 ; de Condeto, 174 ; de Coquerel, 33 ; Genciani, 55 ; Lombardus, 24, 96, 118, 197, 213, 214, 244-246, 345, 451 ; de Medunta, 72 ; de Melet, 118, 120, 456 ; de Paredo, prior de Chesa, 227 ; la Reue, 73, 124 ; de Remis, 218 ; Rollandi, 50 ; le Vache, 257 ; Viarius de Silvanecto, 115. — Guillelmus Petri Becucii, 112.
Phauresmouster in Bria, Faremoutiers, 441.
Philippus capellanus episcopi Dolensis, 208 ; Conversus, 115 ; le Mastin, 199. — V. Rex.
Picardi (Symon), 219.
Picta (Villa), Villepinte, 374.
Pictavensis, de Poitiers, 118, 120, 125, 456.
Pict[avia], le Poitou (?), 120.
Pierrefitte-sur-Seine (Seine), Petra Ficta, 383.
Pierrefonds (Oise), Petra Fons, 60, 274.

Pirus (Longus), Longperrier, 384.
Piscatores : Furseus de Perona, filius Gauffridi, 13, 154, 170 ; Johannes de Calceya, Judocus Roart, 170.
Pisces, 13, 60.
Pissiacum, Poissy, 59, 266, 338, 370, 392, 403.
Pistoia (Italie) : societas Clarencium de Pistorio, 333.
Piti (Lappus), de societate Mozorum de Florencia, 326 ; de societate Scale, 334.
Plaisance (Italie), Placencia, 328, 330.
Platelli ad fructum, 191.
Plessis-Piquet [le] (Seine), Plesseyum, 422.
Poissy (S.-et-O.), Pissiacum, 59, 266, 338, 403. — Versus Pissiacum : Allodia Regis, les Alluets-le-Roi, 370 ; Chavenolium, Chavenay, 392.
Poitiers (Vienne) : Pictavensis receptor, Petrus de Melet, 118, 120, 456 ; senescalcia, senescallia, 125, 456 ; senescallus, Johannes de S. Dionisio, 118, 120 ; major et communia, 120.
Poitou [le] (?), Pict[avia], 120.
Pons S. Maxencie, Pont-Sainte-Maxence, 271. — De Ponte S. Maxencie (Odoardus Rebracye), 192.
Pontault (S.-et-O.), Pontaz, 399.
Pontes super Yonam, Pont-sur-Yonne, 288.
Ponthieu (le), Pontivum, 66, 448.
Pontoise (S.-et-O.), Pontisara, Pontisera, 269, 340. — De Pontisera (Jocetus), 98, 99 ; [Johannes] episcopus Vincestrie, 35 ; (Robertus), 254.
Pont-Sainte-Maxence (Oise), Pons S. Maxencie, 271. — De Ponte

S. Maxencie (Odardus Rebracye), 192.
Pont-sur-Yonne (Yonne), Pontes super Yonam, 288.
Porion (Evrardus), 28.
Port (Triacum le), Trilport, 428.
[Pouancé (Theobaldus de)] episcopus Dolensis, 34, 208, 221.
Poutrel (Baldoinus), 84, 93.
Pratis (S. Germanus de), S.-Germain-des-Prés, 16; (villa S. Germani de), le Faubourg-S.-Germain, 408.
Prepositure, 9, 100, 261-315, 342, 343, 373, 446.
Prepositus Montis Desiderii, Egidius de Lauduno, 206, 343 ; Parisiensis, Johannes de S. Leonardo, 190, 212, 217.
Presbiter : Robertus de Freauvilla, 199.
Primogenitus regis : Ludovicus, 13.
Prior de Chesa : Petrus de Paredo, 227.
Procuratores Bichii et Mouscheti, 337, 349.
Prosecutio testamenti, 256.
Provincia Senonensis, 210.
Provins (S.-et-M.), Pruvinum, 232. — De Pruvino (Jocetus), 102.
Pueri capelle regis, 203, 223.
Puiseux-lez-Louvres (S.-et-O.), Puteoli, 376.
Puteaux (Seine), Puteaus, 372.
Puteoli, Puiseux-lez-Louvres, 376.
Puy-de-Dôme, v. Clermont-Ferrand, Montferrand, Saint-Alyre.
Quadriennii decima, 77.
Quarrerie, Carrières-sous-Bois, 403.
Quercus (Bella), Beauquesne, 284.
Quercy (le), Caturcinum, 108.
Queue-en-Brie [la] (S.-et-O.), Cauda, 399.

Quinquagesima, 69, 193-201, 229-231, 234, 241-246, 350-456.
Quintinus (S.), S.-Quentin, 241, 242, 247, 280, 342.
Radulphus de Brulhi, de Brulheyo, 11, 190; de Medonta, 44; de Mellento, 239.
[Raimundus] episcopus Agatensis, 15.
Ramatum Villare, Romainvilliers, 442.
Rancie (Mesnilium Domine), le Ménil-Amelot, 405.
Rascassol (Bernardus), 75.
Rauba, roba, 149, 171-173, 203.
Rebracye (Odardus) de Ponte S. Maxencie, 192.
Recepta, 1-132, 261-456.
Receptor Arvernie, Girardus Chauchat, 81-83, 118, 455; Bituricensis, Petrus Lombardus, 24, 96, 118, 197, 213, 214, 244-246, 345, 451; focagii, 120; Gisorcii, Guillelmus d'Espovilla, 94, 341, 348, 454; Pictavensis, Petrus de Melet, 118, 120, 456; Pontivi, Jacobus Mayngot, 66, 448; Senonensis, Theobaldus Armigeri, 20, 101, 238-240, 243, 449. — Receptores Campanie, 121, 122; senescalcie Bellicadri, 78-80.
Rechatum terre, 22.
Recognitio fidelitatis, 15.
Redditus, 66, 119, 123, 148.
Regalia Cenomanie, 116.
Regalis Mons, Royaumont, 142.
Regardum (Malum), Mauregard, 437.
Regina [Johanna], 134; Margarita, 106. — Burgus Regine, Bourg-la-Reine, 366, 421.
Reginaldus, v. Renaudus.
Regis (Robertus), 241, 242. — V. Rex.
Regnum Francie, 80-82, 84, 85, 210.

Reims (Marne), Remis, 21. — De Remis (Petrus), 218.
Relaxatio denarii de libra, 115.
Remis, Reims, 21, 218.
Remundi (Bernardus), 75.
Renaudus de Aula, 167; Barbou junior, ballivus Rothomagensis, 107, 452, cf. 85-92, 128, 319, 344; vetus, senior, 107, 165; du Cavech, 21, 42, 97, 316, 342, 446; de Giresmo, 197, 245, 246; Guellensis comes, 119.
Renerus de la Bele, 39; Flammingi, 72; de Passu de Florencia, 329.
Renuchius Hugo, 335.
Residuum compoti, 11, 189; expense, 18, 234; financie, 51; mutuorum, 221, 219; vadiorum, 92.
Reue (Petrus la), 73, 124.
Reuil (S.-et-M.), Ruolium juxta Feritatem Ancoul, 410.
Rex [Philippus] : ciphos emit, 191. — Regis Allodia versus Pissiacum, les Alluets-le-Roi, 370; capella, 138-140, 202-205, 207, 223; coquina, 217 ; frater, Ludovicus, 225; garnisiones, 91; gentes, 192; hospicium, 133; liberi, 135; libri, 215, cf. 203; mandatum, 209; negocium, 212, 220, 227, 232, 254, 258; primogenitus, Ludovicus, 13; servientes, 211; sigillum, 34; valletus, Petrus de Remis, 218; Villa Nova, Villeneuve-le-Roi, 389; Villa Nova in Belvacinio, la Villeneuve-le-Roi, 277. — Regi redditi denarii, 206, 216 ; facta mutua, 16, 67, 214, 221, 222, 232, 249, 316-341. — Ad regem (denarii pro eundo), 188 ; super regem captus redditus, 119, 123. — Cum et sine rege (vadia buticularii), 247; pro rege factum breviarum, 203.

Ribemont (Aisne), Ribemons, 280.
Richardus Bouroudi, 116.
Richarius (S.), S.-Riquier, 286.
Richomme (Johannes) de Cathalano, 322.
Rigot (Egidius), 362.
Ripperia (Guillelmus de), 237-239.
Rivière (la), prévôté à ou près Pont-sur-Vannes (Yonne; cf. *Rec. des hist. de Fr.*, XXIII, 812), R[i]v[e]ria, 291.
Roart (Judocus), 170.
Roba, rauba, 149, 171-172, 203.
[Robertus] Attrebatensis comes, 120; Crispini de Atrebato, 339; Foyson, 228; de Freauvilla, 199; de Pontisera, 254; Regis, 241, 242; cambellanus de Tanquarvilla, 458.
Rogerus de Medunta, 10.
Roissy (S.-et-O.), Royssiacum, 365.
Rollandi (Petrus), 50.
Roma, Rome, 18.
Romainvilliers (S.-et-M., comm. de Bailly-Romainvilliers), Ramatum Villare, 442.
Rome (Italie), Roma, 18.
Rooniacum, Rosny-sur-Seine, 137, 457-460.
Roseyo (Symon de), 157.
Rosny-sur-Seine (S.-et-O.) : heredes Rooniaci, 137, 457-460.
Rotelle Judeorum, 216.
Rouen (Seine-Inférieure), Rothomagum, 188, 259 : Rothomagensis ballivia, 93, 344, 452; ballivus, 85-92, 107, 128, 319, 344, 452; burgenses, 319; diocesis, 84, 85 ; major, 52.
Rougel (Giletus), 171.
Roya, Roye, 109, 279.
Royaumont (S.-et-O., commune d'Asnières-sur-Oise) : monachi Regalis Montis, 142.

Roye (Somme), Roya, 279. — De Roya (Florencius), 109.
Royon (Pas-de-Calais). — De Royon (Donnardus, Vivandus), 83.
Royssiacum, Roissy, 365.
Rue (Johannes Wuyde) de Compendio, 259.
Ruella (Guillelmus de), 340.
Rungis (Seine), Rungiacum, 388.
Ruolium juxta Feritatem Ancoul, Reuil, 410.
Ruphus de Sulhi, 120.
Ruria, 291, v. la Rivière.
Rustici (Thomas), 337, 349.
Saint-Alyre (Puy-de-Dôme, comm. de Clermont-Ferrand) : abbas et conventus S. Yllidii Claromontensis, 32.
S.-Amans-de-Lursinade (Tarn-et-Garonne, comm. de Moissac)? Ancinade, 108.
S.-Clément (Paris), v. Sainte-Chapelle.
S.-Cloud (S.-et-O.), S. Clodoaldus, 353.
S.-Crépin-le-Grand, à Soissons (Aisne), S. Crispinus major Suessionensis, 53.
S.-Denis-sur-Seine (Seine), villa S. Dionisii, 362 : S. Dionisii ecclesia, 147 ; dominium abbatis, 368. — Capella versus S. Dionisium, la Chapelle-S.-Denis, 407, cf. 360. — De S. Dionisio (Johannes), senescallus Pictavensis, 118, 120.
S.-Éloi, à Noyon (Oise), abbacia S. Eligii Noviomensis, 206.
S.-Fuscien (Somme), S. Fuscianus in Bosco, 30.
S.-Germain-des-Prés (Paris), S. Germanus de Pratis, 16.
S.-Germain-en-Laye (S.-et-O.), S. Germanus in Laya, 149, 398. — V. les Fonds-de-S.-Léger, Hennemont.
S.-Germain [le Faubourg-] (Paris), villa S. Germani de Pratis, 408.
S.-Jean-des-Vignes, à Soissons (Aisne), S. Johannes in Vineis Suessionensis, 26.
S.-Just (?). — De S. Justo (Johannes), 44-64.
S.-Léger [les Fonds-de-] (S.-et-O., comm. de S.-Germain-en-Laye), S. Leodegarius in Laya, 393.
S.-Léger-de-Gassenville (Seine, entre S.-Denis-sur-Seine et Stains ; cf. Lebeuf, *Hist. de la ville et de tout le dioc. de Paris*, Stains), S. Leodegarius, 383.
S.-Leu-et-S.-Gilles (Paris), parrochia SS. Lupi et Egidii, 387.
S.-Marcel (Paris), S. Marcellus, 359.
S.-Mars (S.-et-M.), v. Villiers-Templeux.
S.-Maur-les-Fossés (Seine), Fossata, 423, 425.
S.-Médard, à Soissons (Aisne), S. Medardus Suessionensis, 25.
S.-Mesmes (S.-et-M.), S. Maximus, 414.
S.-Paul-de-Brugues (Tarn-et-Garonne, comm. de Durfort)? — De S. Paulo in Caturcino (Peregrinus), 108.
S.-Pol-sur-Ternoise (Pas-de-Calais) : S. Pauli comes, Guido, buticularius Francie, 247.
S.-Quentin (Aisne), S. Quintinus, 247, 280, 342 : S. Quintini canonicus, Robertus Regis, 241, 242.
S.-Riquier (Somme), S. Richarius, 286.
Sainte-Chapelle [la] (Paris), capella regis Parisius, 138, 207 ; capella inferior, 139 ; S. Blasius, 140. — Capelle regis canonicus, Galterus, 202-205 ; magister, 207 ; pueri, 203, 223.

Ste-Geneviève (Paris), S. Genovefa Parisiensis, 76, 77.
Salarium, 256.
Salis (dominus, alta justicia de), 113.
Salomo de Blangi, 99.
Samois (S.-et-M.), Samesium, 299.
Sancius, 180.
Sancta, Sancti, Sancto, Sanctus, v. le mot suivant.
Saône-et-Loire, v. Cluny, Mâcon.
Sarcelles (S.-et-O.), Sercelle, 596.
Sarraceni (Gobertus) de Lauduno, 321, 446; (Odardus), 446.
Scacarius, 11, 128-132, 248.
Scale (societas), 334.
Sceaux (Seine), Ceaus le Grant et Ceaus le Petit, 422.
Scolares, 204.
Scoti de Placencia, 328.
Scripta, scriptura, 92, 256.
Sec (Leonardus le), 30, 33.
Seine, v. Adamville, Antony, Arcueil, Aubervilliers, Aulnay, Bagneux, le Bourget, Bourg-la-Reine, Bry-sur-Marne, Champigny-sur-Marne, Châtenay, Chevilly, Choisy-le-Roi, la Courneuve, Créteil, Crèvecœur, Drancy, Dugny, Fontenay-sous-Bois, Fresnes-lez-Rungis, Grignon, l'Hay, Issy-sur-Seine, Ivry-sur-Seine, Orly, Pantin, Paris (et les renvois sous ce mot), Pierrefitte-sur-Seine, le Plessis-Piquet, Puteaux, Rungis, S.-Denis-sur-Seine, S.-Léger-de-Gassenville, S.-Maur-les-Fossés, Sceaux, Stains, Suresnes, Thiais, Vanves, Vincennes, Vitry-sur-Seine.
Seine-et-Marne, v. Armentières, la Celle-sur-Morin, Chaintreaux, Changis, Chanteloup, la Chapelle-la-Reine, Château-Landon, le Châtelet-en-Brie, Chelles, Chessy, Compans, Conches, Condetum, Dammartin-en-Goële, Dancy, Faremoutiers, Ferrières-en-Brie, la Ferté-sous-Jouarre, Flagy, Fontainebleau, Germigny-l'Évêque, Gouvernes, Grés, Iverny, Jablines, Jossigny, Jouy-l'Abbaye, Jouy-sur-Morin, Juilly, Lagny, Longperrier, Lorrez-le-Bocage, Maisoncelles, Mauregard, Meaux, Melun, le Ménil-Amelot, Mitry, Montevrain, Montgé, M -sur-Loing, Mory, Moussy-le-Neuf, Moussy-le-Vieux, Nantouillet, Nemours, Pontault, Provins, Reuil, Romainvilliers, S.-Mesmes, Samois, Thieux, Trilport, Ussy, Vareddes, Villeneuve-sous-Dammartin, la Villette-aux-Aulnes, Villiers-sur-Morin, Villiers-Templeux, Vinantes, Vineuil, Voulx.
Seine-et-Oise, v. Achères, les Alluets-le-Roi, Argenteuil, Arnouville-lez-Gonesse, Asnières-sur-Oise, Beaumont-sur-Oise, Bellefontaine, Bonneuil, Bouqueval, Carrières-sous-Bois, Champlan, Châteaufort, Châtenay, Chaumontel, Chavenay, Chevreuse, Corbeil, Cormeilles-en-Parisis, Croissy, Dourdan, Épiais-lez-Louvres, Essonnes, Étampes, l'Étang-la-Ville, la Ferté-Alais, les Fonds-de-S.-Léger, Fosses, Fourqueux, Franconville-la-Garenne, la Frette, Garges, Gonesse, Hennemont, Herbeville, Jagny, Jarcy, Limeil-Brévannes, Louveciennes, Luzarches, Mantes-sur-Seine, Mareil-Marly, Marly-la-Ville, Marly-le-Roi, Massy, Maule, le Mesnil-Aubry, le Mesnil-le-Roi, Meudon,

Meulan, Montigny-lez-Cormeilles, Montlhéry, Ormesson, Palaiseau, Poissy, Pontault, Pontoise, Puiseux-lez-Louvres, la Queue-en-Brie, Roissy, Rosny-sur-Seine, Royaumont, S.-Cloud, S.-Germain-en-Laye, Sarcelles, Sèvres, le Thillay, Vaud'herland, Vémars, Viarmes, Ville-d'Avray, Villemilan, Villeneuve-le-Roi, Villeneuve - S. - Georges, Villepinte, Villiers-le-Bel, Villiers-sur-Marne.

Seine-Inférieure, v. Auppegard, Caux, Épouville, Fréauville, Harfleur, Leure, Rouen, Tancarville.

Senescalcia Bellicadri, 78-80, 199; Carcassonensis, 127 ; Pictavensis, 125, 456 ; Pontivi, 66, 448.

Senescallus Pictavensis, Johannes de S. Dionisio, 118, 120.

Senior (Guill. de Hangest), 35 ; (Renaudus Berbou), 165, cf. 107.

Senlis (Oise), Silvanectum, 267 : Silvanectensis ballivia, 2, 228-231, 327, 445, cf. 267-275. — De Silvanecto (P. Viarius), 115.

Sens-sur-Yonne (Yonne), Senonis, 287 : Senonensis ballivia, 5, 20, 101, 238-243, 449, cf. 287-303 ; provincia, 210 ; receptor, Theobaldus Armigeri, 20, 101, 238-240, 243, 449. — Villa Nova juxta Senonis, Villeneuve-sur-Yonne, 290.

Sententia, 53, 54.

September, 222, 318, 335-337, 346, 349, 353, 365, 369, 371, 373, 407, 409-433, 447, 449, 450, 453, 454 ; v. S. Michael.

Septimane, 204.

Sercelle, Sarcelles, 396.

Sere, 258.

Servientes, 86, 171, 190, 211, 256.

Setayns, Stains, 381.

Sèvres (S.-et-O.), Sevre, 350.

Sextarii, 57, 59, 61-63.

Sigillum regis, 34.

Silvanectensis, de Senlis : ballivia, 2, 228-231, 327, 445, cf. 267-275.

Silvanectum, Senlis, 267. — De Silvanecto (Petrus Viarius), 115.

Simon, v. Symon.

Societas Bardorum de Florencia, 323 ; Cerdorum Alborum de Florencia, 324; Cerdorum Nigrorum de Florencia, 325 ; Clarencium de Pistorio, 333 ; Mozorum de Florencia, 326 ; Petrucie, 332 ; Scale, 334 ; Scotorum de Placencia, 328; Spine de Florencia, 335.

Socii Guillelmi Flammingi, 36, 37, 74.

Soissons (Aisne) : S. Crispinus major Suessionensis, 53 ; decanus et capitulum Suessionenses, 114 ; S. Johannes in Vineis, 26; B. Maria, 54 ; S. Medardus, 25.

Solario (Stephanus de), 362.

Solutio vadiorum, 91.

Somme, v. Amiens, Beauquesne, le Cardonnois, Corbie, Doullens, Montdidier, Nesle, Péronne, Ponthieu, Roye, S.-Fuscien, S.-Riquier.

Sommières (Gard), Summidrium, 75.

Sorene, Suresnes, 372.

Sornatus Caucinel, 75.

Soror thesaurarii Huberti : Beatrix, 163.

Spine (societas) de Florencia, 335.

Spovilla (Guillelmus de) ou d'Espovilla, d'Épouville, 94, 341, 348, 454.

Stagnum Moreti, 13 ; Petre Fontis, 60 ; subtus Marliacum Castrum, l'Étang-la-Ville, 401.

Stains (Seine), Setayns, 381.

Stampis (de), Étampes, 58.
Stephanus li Aasiez, 161 ; Apelot de Giemo, 209 ; de Bien Fayte, 145, 168; de Camera, 183; faber, 182 ; Haudri, 233 ; de Lemovicis, 49 ; de Messilles, 209 ; de Monte S. Johannis, 143 ; de Solario, 362; de Susi, archidiaconus Brugensis, 236.
Stipendiarii galearum, 124.
Subsidium regni, 80-82, 210.
Subventio personarum ecclesie, 84, 85.
Suessionensis, de Soissons, 25, 26, 53, 54, 114.
Sulhi (Ruphus de), 120.
Summarius, 256. — Cf. Equi.
Summe, 8, 9, 70, 127, 132, 135, 157, 164, 260, 266, 275, 282, 286, 303, 315, 318, 327, 338-343, 349, 353, 362, 365, 369, 371, 373, 407, 411, 414, 428, 445-447, 449-451, 453, 454, 456, 457, 460.
Summidrium, Sommières, 75.
Suresnes (Seine), Sorene, 372.
Susi, Suzy? (Stephanus de), archidiaconus Brugensis, 236.
Suspitio violationis ecclesie, 40.
Suzy (Aisne) ? — De Susi (Stephanus), archidiaconus Brugensis, 236.
Symon Arcuarius, 120 ; de Baillolio, 177 ; Boel, 229, 231 ; de Croyaco, 447 ; de Marchesiis, 228 ; Medicus, 116 ; Payen, 242 ; Picardi, 219 ; de Roseyo, 157 ; de Vento, 25.
Tabellio, 256.
Tallia Judeorum, 83.
Tancarville (Seine - Inférieure) : cambellanus de Tanquarvilla, Robertus, 458.
Tarn-et-Garonne, v. Camparnaud, S.-Amans-de-Lursinade, S.-Paul-de-Brugues.

Tartarus (Lanfrancus) de Janua, 156.
Temple [le] (Paris), Templum, 35, 148. — Villare Templi, Villiers-Templeux, 442. — De Templo (Gauffridus), 175.
Tempus, 126, 224, 258, 260.
Tergo (a), 9, 67-69, 137, 319.
Termini, 119, 122, 123, 125-127, 191, p. 21.
Terra de Ambliniaco et de Kala, 114 ; Guisnensis, 4 ; Johannis de Atrebato, 213 ; Ludovici fratris regis, 225 ; Symonis de Vento, 25 ; Ville Nove, 22.
Tertio (pro), 71, 136, 142, 146, 149, 150, 158, 163, 165, 166. — Tercium feodi, 155.
Testamentum, 256.
Theil-sur-Vannes (Yonne), v. Fosse-More.
Theobaldus Armigeri, 20, 101, 238-240, 243, 449 ; de Corbolio, 162 ; [de Pouancé] episcopus Dolensis, 34, 208, 221.
Thesauraria, 258, 260.
Thesaurarii, 258, p. 21 : Henrricus, abbas Joyaci, 232, 260 ; Hubertus, 163.
Thiais (Seine), Thioys, 395.
Thiboudi (Guillelmus), 115.
Thieux (S.-et-M.), Thius subtus Domnum Martinum, 433.
Thillay [le] (S.-et-O.), Tilleyum, 367.
Thioys, Thiais, 395.
Thius subtus Domnum Martinum, Thieux, 433.
Tholosa, Toulouse, 75.
Thomas Godin, 50 ; Rustici, 337, 349. — Thomassinus, 233 ; de Nealpha, 27.
Thourotte (Oise), Thorota, 275.
Tilleyum, le Thillay, 367.
Tornacum, Tournai, 74.
Torne Mare (Guido de), 75.

Toto (pro), 137, 143-145, 149, 153-156, 160, 171, 173, 221, 457.
Touca, Touques, 91.
Toulouse (Haute-Garonne), Tholosa, 75.
Touques (Calvados), Touca, 91.
Tournai (Belgique), Tornacum, 74.
Tours (Indre-et-Loire) : Turonensis ballivia, 8, 104, 200, 201. — V. Turonenses.
Trece, Troyes, 232. — De Trecis (Vivandus), 102.
Trecensis, de Troyes, 121, 122.
Tria (Johannes de), 126.
Triacum le Port, Trilport, 428.
Triennii decima, 76, 78.
Trilport (S.-et-M.), Triacum le Port, 428.
Troyes (Aube), Trece, 232 : Trecensis ballivia, 121, 122. — De Trecis (Vivandus), 102.
Turonensis, de Tours, 8, 104, 200, 201.—Turonenses, 71-132, 322-326, 328-337, 341, 344, 347-349, 452, 453, 455, 456.
Unonense, 151, v. Vernon.
Ussy (S.-et-M.), Iciacum, 429.
Usus Campanie, 428.
Uxor Guillelmi d'Erneval, Ydonia, 459 ; Petri domini Chambleii, Ysabella, 460 ; Roberti cambellani de Tanquarvilla, 458.
Vache (Petrus le), 257.
Vadia, 47, 48, 87, 91, 92, 165-180, 224, 247.
Valenc. (Dionisius de), 155.
Valletus regis : Petrus de Remis, 218.
Vallibus (Jehenotus de), filius Odardi Rebracye de Ponte S. Maxencie, 192.
Vallis (Clara), Clairvaux-sur-Aube, 19 ; Maura, Vaumort, 291.
Vantiduno (Johannes de), 330.
Vanves (Seine), Vanve, 408.
Vareddes (S.-et-M.), Varetes, 432.

Varenne-S.-Hilaire (la), la Varenne-S.-Maur ou Adamville (Seine, commune de S.-Maur-les-Fossés), Varenna, 423.
Varennes (S.-et-O.), v. Jarcy.
Varetes, Vareddes, 432.
Varignies (Antelinus de), 225.
Vassal (Guillelmus), 84.
Vaud'herland (S.-et-O.), Vaudernant, 367. — De Vaudernant (Henrricus), 362.
Vaumort (Yonne), Vallis Maura, 291.
Vectura denariorum, 256.
Vellut (Donatus de) de Florencia, 111.
Vémars (S.-et-O.), Vemarç, 385.
Venatoris (Johannes), 168.
Venditores boscorum, 168.
Vento (Symon de), 25.
Verano (Johannes de S.), 317.
Verberie (Oise), Verbria, 273.
Vermandois (le), Viromandia, 234, 276-282 : Viromandensis ballivia, 3, 28, 42, 43, 97, 198, 446.
Verneuil-sur-Avre (Eure), Vernolium, 94, 132.
Vernon (Eure), Verno, 132, 341 : capitulum V[er]nonense, 151 ; castellania, 341.
Vertus (les) ou Aubervilliers (Seine), Haubervillare, 360.
Vetus argentum, 17 ; (Monciacum), Moussy-le-Vieux, 384 ; (Renaudus Barbou), 107, cf. 165. — Vetera hernesia, 27.
Via ad computandum de decima, 210 ; ad regem, 188 ; Britannie, 193-196 ; Burgundie, 218 ; a Leura Parisius, 87 ; apud Magdunum super Ligerim, Pruvinum, Trecas, 232 ; Rome, 18 ; Viromandie et Flandrie, 234.
Viarius (Petrus) de Silvanecto, 115.

Viarmes (S.-et-O.) : dominus de Viermes, Petrus de Chambleio, 148.
Vicecomitatus Cadomensis, 347 ; Vernolii, 94.
Vicenne, Vincennes, 139, 202, 426.
Vicus, 428.
Vidaume (dictus), 328, 329.
Vienne, v. Montreuil - Bonnin, Poitiers.
Vienne (Haute-), v. Limoges.
Viermes, Viarmes, 148.
Vierzon (Cher) : feodum Virzonis, 145.
Vietus d'Aupegart, 97, 105.
Vile (Malliacum la), Marly-la-Ville, 386.
Villa Attrebati, 337 ; Cathalani, 115 ; Corbeye, 337 ; Corbolii, 417 ; S. Dionisii, 362 ; S. Germani de Pratis, 408 ; Lauduni, 39 ; Parisius, 320 ; Pissiaci, 338 ; Pontisare, 340. — Villa ad Asinos, la Villette - aux - Aulnes, 439 ; d'Avray, Ville - d'Avray, 350 ; (Bona), Bonneville-sur-Touques, 86 ; Millan, Villemilan, 366 ; Nova (?), 22 ; Nova subtus Domnum Martinum, Villeneuve - sous - Dammartin, 424 ; Nova S. Georgii, Villeneuve - S. - Georges, 444 ; Nova Regis, Villeneuve-le-Roi, 389 ; Nova Regis in Belvacinio, la Villeneuve-le-Roi, 277 ; Nova juxta Senonis, Villeneuve-sur-Yonne, 290 ; Picta, Villepinte, 374.
Villare le Bel, Villiers-le-Bel, 391 ; super Morayn, Villiers-sur-Morin, 443 ; (Ramatum), Romainvilliers, 442 ; Templi, Villiers-Templeux, 442. — De Villari (Amelius), dominus de Salis, 113. — Villaria super Briacum, Villiers-sur-Marne, 390.
Ville - d'Avray (S.-et-O.), Villa d'Avray, 350.
Villemilan (S.-et-O., comm. de Wissous), Villa Millan, 366.
Villeneuve-le-Roi [la] (Oise), Villa Nova Regis in Belvacinio, 277.
Villeneuve-le-Roi (S.-et-O.), Villa Nova Regis, 389.
Villeneuve-S.-Georges (S.-et-O.), Villa Nova S. Georgii, 444.
Villeneuve-sous-Dammartin (S.-et-M.), Villa Nova subtus Domnum Martinum, 424.
Villeneuve-sur-Yonne (Yonne), Villa Nova juxta Senonis, 290.
Villepinte (S.-et-O.), Villa Picta, 374.
Villeta (Johannes de), 10.
Villette [la] (Paris), Villeta S. Lazari, 402.
Villette-aux-Aulnes [la] (S.-et-M., comm. de Mitry-Mory), Villa ad Asinos, 439.
Villiers-le-Bel (S.-et-O.), Villare le Bel, 391.
Villiers-sur-Marne (S.-et-O.), Villaria super Briacum, 390.
Villiers-sur-Morin (S.-et-M.), Villare super Morayn, 443.
Villiers - Templeux (S. - et - M., comm. de S. - Mars), Villare Templi, 442.
Vina, 14, 61-64, 235.
Vinantes (S.-et-M.), 412.
Vincencio (Guillelmus de S.), 228-231, 327, 445.
Vincennes (Seine) : Vicennarum capella, 202 ; capellanus, 139. — Fontanetum versus Vicennas, Fontenay-sous-Bois, 426.
Vincestria, Winchester, 35.
Vineis (S. Johannes in), S.-Jean-des-Vignes, à Soissons, 26.

Vineuil (S.-et-M., comm. de S.-Mesmes), Vinolium, 414.
Vintimille (Italie). — De Vintemille (Oliverus), 112.
Vinum, 14, 61-64, 235.
Violatio ecclesie, 40.
Viromandensis, de Vermandois, 3, 28, 42, 43, 97, 198, 446.
Viromandia, le Vermandois, 234, 276-282.
Virzo, Vierzon, 145.
Vitam (expensa ad), 158-164.
Vitriacum : Vitry - aux - Loges (Loiret), 308 ; Vitry-en-Perthois ou le Brûlé (Marne), 121, 122 ; Vitry-sur-Seine (Seine), 395.
Vivandus de Royon, 83 ; de Trecis, 102.
Voluntatem (expensa ad), 186.
Voulx (S.-et-M.), Voos, 292.
Wagnon (Ada) de Lauduno, 23.
Winchester (Grande-Bretagne) : Vincestrie episcopus [Johannes de Pontisera], 35.

Wissous (S.-et-O.), v. Villemilan.
Wuyde Rue (Johannes) de Compendio, 259.
Ydonia uxor Guillelmi d'Erneval, 459.
Yèvre-le-Châtel (Loiret), Evra, 311.
Yllidius (S.) Claromontensis, S.-Alyre, 32.
Yonne, v. Chéroy, Dixmont, Dollot, Fosse-More, Grange-le-Bocage, Lixy, Malay-le-Roi, Pont-sur-Yonne, la Rivière, Sens-sur-Yonne, Vaumort, Villeneuve-sur-Yonne.
Yonne (l'). — Pontes super Yonam, Pont-sur-Yonne, 288.
Ysabella uxor Petri domini Chambleii, 460.
Yssiacum, Issy-sur-Seine, 408.
Yverniacum, Iverny, 409.
Yvriacum, Ivry-sur-Seine, 395.

Nogent-le-Rotrou, imprimerie DAUPELEY-GOUVERNEUR.

Original en couleur
NF Z 43-120-8

www.ingramcontent.com/pod-product-compliance
Lightning Source LLC
LaVergne TN
LVHW022114080426
835511LV00007B/815